内 容 简 介

随着跨界、颠覆、IP、合伙人、众创空间等新思维和新事物的出现，我们有必要了解这个时代的大背景，清楚自己所处的环境，让读者透过文字看到这个时代的缩影。

本书会通过新的商业模式、新的物种、FIMBA 模型等告诉你，在这个时代，无论你是走入工作岗位，作为职场达人；或是自己做一件事情，成为超级个体；还是和一群人协作，实现群体崛起，这本书都是你在选择道路上的指南针。

本书将帮助所有具备奋斗精神的人，在这个众创时代，实现自身的价值。

图书在版编目（CIP）数据

众创：群体崛起大时代 / 薄胜著 . —北京：电子工业出版社，2017.8
ISBN 978-7-121-31463-6

Ⅰ . ①众… Ⅱ . ①薄… Ⅲ . ①互联网络 – 应用 – 创业 Ⅳ . ① F241.4-39

中国版本图书馆 CIP 数据核字（2017）第 096009 号

策划编辑：张　楠
责任编辑：谭丽莎
印　　刷：中国电影出版社印刷厂
装　　订：中国电影出版社印刷厂
出版发行：电子工业出版社
　　　　　北京市海淀区万寿路 173 信箱　邮编 100036
开　　本：720×1000　1/16　印张：14　字数：168 千字
版　　次：2017 年 8 月第 1 版
印　　次：2017 年 8 月第 1 次印刷
定　　价：65.00 元

这是一个新旧交替的时代

看不见的未来，看得到的当下。这个时代可以实现全球无时差在线生活，也是潮流事件的聚集地，更是属于众创人的梦想舞台。

这是一个新旧交替的时代：跨界、颠覆无处不在，这是奠定未来30年商业新生态、新文明的关键时期。这个时候1年的奋斗等于未来10年的努力，一旦格局奠定，将在相当长的一段时间内保持领先。

"互联网＋"这个概念在近两年已经成为一个家喻户晓的词汇，李克强总理在2014年的互联网大会上提出了"大众创业、万众创新"的号召，又在2015年的政府工作报告上提出"互联网＋"行动计划。"互联网＋"已经成为未来互联网发展的一个主要方向，并首次从政府层面明确了"大众创业、万众创新"的官方表述，吹响了"大众创业、万众创新"的号角，开辟了一个众创的空间，引领了一个众创的时代。

英国文学家查尔斯·狄更斯的名著《双城记》开篇即让人过目难忘：

"这是最好的时候，也是最坏的时候；这是智慧的年代，也是无知的年代；这是信仰的日子，也是怀疑的日子；这是光明的季节，也是黑暗的季节；这是希望之春，也是失望之冬；我们应有尽有，我们一无所有；人们直登乐土，却也直下苦境。"

无论时代如何变迁，这段话都可以恰如其分地描述当时的现实。对敢于创新、勇于创业者来说，这是最好的时候，是智慧的年代，是信仰的日子，是光明的季节，是希望之春；对故步自封、因循守旧者来说，这的确是最坏的时候，是无知的年代，是怀疑的日子，是黑暗的季节，是失望之冬。而薄胜正是一个互联网时代的智者，一个为了践行"互联网＋"中国梦而不懈努力的年轻人。

2013 年，我与薄胜相识，当时他已经是一个成功的创业者，是多家公司的创始人，我对他有相见恨晚的感觉。他富有激情的言谈、清晰的思路以及富有感染力的演说让我对他刮目相看，作为打拼了近20年的上一代创业人，我为能看到如此优秀的年轻人才而感叹：未来是你们的。

本书正是顺应了李克强总理的"大众创业、万众创新"理念，希望每个人都能通过本书开启自己的创业生涯。目前市面上关于互联网思维、创业、商业模式、赚钱的书籍数不胜数，但大多理论多于实践，不太适合现在的"草根"年轻人学习创业，虽然有核心思想，但对核心内容——"赚钱"大多是浅尝辄止，令读者感到迷惑。但是我在读了《众创：群体崛起大时代》这本书后，感受到了作者诚意满满的"干货"。

在这本书中，作者通过对创新创业的研究和案例剖析，向读者展示了众多的创业模式；解读了"众创"缘何成为创新的主要模式，为何是大众创业而非小众；用实际案例展示了互联网创新思维如何将"奇思妙想"转化为"畅销产品";通过自身的实践向读者展示了创业过程中需要具备的多种能力,尤其是他独创的"创业 FIMBA 模型",从 F(金融力)、I(洞察力)、M(管理力)、B(魄力)、A(实践力)这五个角度出发,编织了一张创业要素的大网,从而使读者知道创业要从最基础的一步出发,循序渐进地将自己打造成一位合格的创业人才。即使是非互联网行业的读者,也能从本书中直观地了解到互联网众创带来的冲击。只要你有严格的执行力和很强的能力,就可能成为薄胜这样的"明星",在互联网上大展拳脚。

"年青一代是垮掉的一代"这句话已经流传了多年。然而这个时代一次又一次地被年青一代改写。他们整天拿着手机点来点去,让长辈们觉得他们不会有任何作为,但就是他们推动了移动互联网时代的快速发展。当很多像我一样的创业"老家伙"还没有弄清楚大数据究竟是什么玩意的时候,他们已经利用大数据赚得盆满钵满;当我们还在找银行、忙抵押、求贷款的时候,年轻人已经开始玩"众筹"了;当老一代企业家还在圈地盖房子的时候,年轻人只要几台电脑或一部手机,就开始卖企业家的房子并收取佣金了。互联网就是这样一个让大家既熟悉又陌生,还能让人惊奇的奇妙技术,而引领者是具有自由思维的众多创业"草根"。

这是一个革命的时代,这是一个转型的时代,这是一个创新的时代,也是勇敢者最好的时代,传统的创新模式正在隐退,新的创新模式悄然兴起。草根文化成为撼动中国经济的洪荒之力,草根创新,草根创业,融合再造,一种新的商业形态如雨后春笋般涌现,这就是众创。

创业是一条充满艰难险阻的征途,而创新更是一场不可回头的旅行,支撑着你走向终点的,绝不仅仅是出发时的豪情万丈,更重要的是永不言败的魄力与实践力。"大众创业、万众创新"也不仅仅是一句口号，而是需要我们所有人为之奋斗、共同践行的发展之路。

在新旧交替的世界里，新的词汇和思维颠覆了传统思想的认知，时尚成为娱乐化的品牌，人们不再局限于物质消费，更注重精神消费。"周边"之所以能够成为人们的精神食粮，就是因为它具备了强烈的文化属性，形成了号召力，也因此诞生了所谓的IP，而IP的"死忠粉"可以将这种精神食粮传播下去，丰富的IP库存则形成了持续性。

在新旧交替的世界里，雇员与雇主的界线正在模糊，从雇员到合伙人的模式已经出现。传统的层级关系开始发生变化，合伙人计划成为新的商业组织相配形态，以乐智众创教育空间为代表的模式一一亮相，为合伙人提供产品营销、管理培训、市场推广等各方面的支持，通过"毛利分成＋考核奖金＋其他收入"的方式进行利益分配。

作为生活在新事物与旧理念交替时代的我们，随着跨界、颠覆、IP、合伙人、众创空间等此前没有接触过的新思维和新事物的出现，有必要了解这个时代的大背景，清楚自己所处的环境。

希望本书能尽微薄之力来传播时代智慧，培育理性思维，弘扬人文精神，让读者透过文字看到这个时代的缩影。

周庆捷
中恒博瑞董事长

众创中国，群体崛起

在科学史演变的过程中有一种现象——汤浅现象。此现象是日本科学史家汤浅光朝对 1501—1950 年科技编年表的科学成果和人物传记词典中编选的科学家做统计处理而得到的一个总结，描述的是近代科学史上科学活动中心转移的现象，具体表达为：当一个国家在一定时间段内的科学成果超过全球科学成果的 25% 时，则称该国家在此时间段内成为科学中心。汤浅现象在 1540—1610 年文艺复兴时期的意大利、1660—1730 年的英国、1770—1830 年的法国、1810—1920 年的德国和从 1920 年开始的美国都发生了。而到了 21 世纪，汤浅现象必然属于中国。

人才方面，2006 年，世界卫生组织任命中国的陈冯富珍为该组织第七任总干事；2008 年，林毅夫出任世界银行副行长兼首席经济学家，这是世界银行首次任命发展中国家人士出任这一要职；2011 年，中国央行前副行长朱民正式出任国际货币基金组织副总裁，成为首位进入该组织高级管理层的中国人；1900 年创建的诺贝尔奖，自 2012 年以莫言为代表的中国获奖者出现，便一发不可收，2015 年屠呦呦获得了诺贝尔医学奖；2015 年，《三体》作者刘慈欣获得雨果奖最佳长篇故事奖；2016 年，中国公安部副部长孟宏伟当选国际刑警组织新一任主席。越来越多的中国人开始在国际事务中扮演越来越重要的角色。此前数十年间，美国主宰了毕业生市场，拥有最高的大学学历人口比例，全球主要经济体 55～64 岁的人口结构中，拥有本科学历者的三分之一来自美国，但这一数字在年轻人口结构中出现了变化，中国每年的大学毕业生已超过了美国和欧盟，并且这一差距还在进一步拉大。保守估计，到 2030 年，中国 25～34 岁年龄段的大学毕业生数量将增加 300%，欧洲和美国约增加 30%。可以想象，经过这样的人才储备，下一波的人才崛起将更加闪耀。

技术方面，以 BAT（百度、阿里和腾讯三者的首字母缩写）为代表的互联网底层的基础设施已经搭建完成，1987 年 9 月 20 日 20 点 55 分从北京向海外发出的 "Across the Great Wall we can reach every corner in the world."（越过长城，走向世界）电子邮件，成为中国使用互联网向世界发出的第一封电子邮件，开启了中国人使用互联网的新时代。我国的互联网已经过了以新浪、搜狐、网易为代表的门户时代，以及以人人网、QQ、淘宝为代表的 Web 2.0 时代，下一代的互联网正在以智能制造、人工智能、虚拟现实的方式开启。在这个时代，我们将看到大规模的用户协同，新的组织方式、新的生产方式就在互联网搭建的基础设施和传统基础设施的基础上协同生产。人类将实现真正的协同，并且是大规模的协同。12 万笔/秒的交易、115 个/秒的订单、24 万次/秒的点击、阿里的云计算能力和腾讯的微信用户数等，这些数据和相关技术全面领先于世界，已经达到了世界级水平。2015 年 11 月 16 日，"全球超级计算机 500 强"榜单在美国公布，"天河二号"超级计算机以峰值计算速度 5.49 亿亿次/秒、持续计算速度 3.39 亿亿次的双精度浮点运算的优异性能位居榜首，并以 33.86 千万亿次/秒浮点运算速度连续第六度称雄，成为全球最快的超级计算机。2016 年 6 月 20 日下午 3 点，TOP 500 组织在法兰克福国际超级计算大会上，使用中国自主芯片制造的"神威·太湖之光"取代"天河二号"登上榜首，成为世界上首台运算速度超过 10 亿亿次／秒的超级计算机。2016年 11 月 3 日，亚洲最大的低温火箭长征五号首发。2016 年 9 月 25 日，500 米口径球面射电望远镜（FAST）宣告落成启用，作为世界上最大的单口径望远镜，FAST 将在未来 20～30 年保持世界一流设备的地位。

国民创造总时间方面，国内生产总值、国民生产总值、国民收入总值、消费者物价指数、基尼系数都代表了国内财富和人民生活的幸福指数，但是在以互联网为代表的创新创造时代，我们可以用 GDCT 来衡量一个国家的创新能力和指数。GDCT 具体可描述为全国有创造力人口的创造时间总和，总时间的长短代表了国家的创新创造能力。伴随着中国人口红利向人才红利过渡，中国人的创新创造能力会进一步释放，尤其是伴随着二胎政策的放开，中国的 GDCT 必然在全球位居前列。

产业方面，中国制造能力从 1.0 时代到 4.0 时代，期间经过了：改革开放前的军工、重工业初始化的 1.0 时代；20 世纪 80—90 年代的轻工业初始化的 2.0 时代；2000 年以来的初级制造业向中级制造业升级，同时伴随着信息化过程的 3.0 时代；以及近几年开启的中级制造业向中高级制造业升级，直至国务院发布"中国制造 2025"，吹响了中国版"工业 4.0"的号角。中国在制造能力领域赶超韩国，世界排行第一，在专利注册方面世界排行第四。国际金融中心研究员表示，中国在液晶显示器领域发展迅猛，在电子监控方面，中国的普通产品已赶超韩国。加上中国的价格竞争力，中国制造业在国际市场上有很多部分已经超过了韩国。全球各国制造业数据显示：2013年，中国制造业增加值为 2.74 万亿美元，占全球制造业增加值的 23.2%，是美国的 1.35 倍、日本的约 3 倍，高居全球第一。以大疆无人机、小米为代表的产业领域的快速发展使其已经占据世界领先地位，包括美国在内的国外智能硬件领域的创业者都会拿着众筹到的资金到我国深圳生产，中国对复杂工艺的大规模生产制造能力全球领先，并且是遥遥领先。

市场方面，准备多时的华为终于在 2017 年国际消费类电子产品展览会期间宣布，Mate 9 在美国正式开始销售，最难啃的骨头终于啃下来了。这是该机在征战全球多个国家和地区后，首次登陆美国市场，也是华为高端旗舰的第一次，并且售价高出国内售价 762 元！微信海外用户超过 2 亿名。蚂蚁金服更是明确国际战略目标，力争未来 10 年的用户量增加至 20 亿名，其中 60％的用户来自海外。滴滴出行这个成立不到 5 年的公司不仅在中国收购了美国网约车行业巨头 Uber 成为中国网约车市场的老大，还在海外与 Lyft、Grab、Ola 四方联合，与 Lyft 产品打通，上线"滴滴海外"，覆盖了全美 200 个城市。万达更是实施全球收购，从 26 亿美元收购美国第二大院线 AMC 起，先后并购瑞士盈方体育传媒、美国世界铁人公司，入股马德里竞技俱乐部。海尔以 55.8 亿美元收购美国通用，美的以 33 亿元收购日本东芝，苏宁收购国际米兰……世界的标签正贴上"中国"二字！

文化方面，从美国的中国文化月到中国文化年，我国已正式运营巴黎、柏林、东京等 9 处海外中国文化中心。美版《甄嬛传》开播。《步步惊心》日本收视火爆。电视剧《陆贞传奇》登陆韩国 MBC 电视台，收视步步高升，火热程度势不可挡，很快在韩国掀起了一阵清新的"陆贞风"。《美人心计》在韩国播出后，收视率一举夺魁，成为华语电视收视率第一。《还珠格格》播出后轰动亚洲，在整个亚洲掀起一阵收视狂潮。一部部中国影视作品走向海外，让中国的文化在全球刮起了"中国风"。屠呦呦凭借青蒿素的发明，获得诺贝尔奖，中医药又一次惊艳亮相全世界。2014 年 11 月 17 日，澳大利亚首都堪培拉国会大厦，在习近平与澳大利亚总理阿博特的共同见证下，北京中医药大学和西悉尼大学签署在澳洲建立中医中心的合作协议。2016 年 3 月 28 日，习近平前往捷克进行国事访问，中捷双方同意进一步支持中国传统医学在捷克共和国和中东欧地区的传播、推广和应用，支持中捷中医中心的不断建设和发展。中医药文化在我国有着 5000 多年的历史传承，墙内开花墙外香，如今已传播到 183 个国家和地区，全年诊疗人数达到 9.1 亿人次，中医药正在成为中国的外交名片。

经济方面，我们正处于一个财富大爆炸的时代，这意味着创富的机会就在我们身边。股市在 2015 年的高点每天的交易量都达到了 1 万亿元以上。中国的 M2（一种用来反映货币供应量的指标）从原来流向房地产、股市转为现在的支持创投市场，仅 2015 年，我国新增的创投机构就超过2000 家。中国已经成为 10 万亿美元体量的世界第二大经济体，并仍能保持 7% 左右的增长速度，经济体量在全球 200 多个经济体中占据 12.3%。

新增企业方面，自从"大众创业，万众创新"以来，仅在 2016 年上半年新登记企业就达到 261.9 万户，同比增长 28.6%，平均每天新产生企业1.4 万户。在新增企业中，新登记私营企业 247.9 万户，同比增长 28%，约占新增企业数量的 95%。2015 年，中国境内总计有 4489 笔投资，总值达到605 亿美元。得益于众创空间的发展和综合服务能力，现在的创业者只要具备核心业务能力就可以创业，可以在乐智众创教育空间实现以下事业。

- 通过乐智投融汇。对接 FA（Finance Adviser 的简称，意为融资顾问）梳理商业计划书，一次可以见到数十家创投机构并得到及时反馈，避免多轮沟通消耗创业团队宝贵的时间成本及信息难以直达风险投资决策层；众创空间可以贯通创投机构之间的信息提供技术评估标准，规避估值主观性强带来的效率低下。
- 补充创投机构规模所限。众创空间可以给予技术层面的支持加速孵化，在项目获得融资后，强化对其后期产业链生态的资源支持。
- 帮助创业项目解决在商业化过程中遭遇的瓶颈，优化商业模式落地。
- 提供人才服务。乐智每年将进入 100 多所大学校园巡讲，帮助创业入驻公司招聘大学生，每月举办专题招聘会，组织人才对接活动。
- 提升经营管理能力。乐智将创业 FIMBA 模型输出给创业者，通过凤驼汇创业训练营为创业者提供大咖经验，让创业者具备凤驼精神。

这是最好的时代，也是最坏的时代，这是大变革的时代，是从低速运行向量子物理转化的是时代。这是创新的时代，更重要的是：这是一个群体崛起的大时代。尤其从 2005 年开始，一群凭借无形资产崛起的时代弄潮儿频频亮相各种财富榜单，其中不乏 IT 精英、商界新秀，还有体育明星。对一个时代来讲，这一个个财富神话绝不是偶然现象。IT 业的集体繁荣将这一趋势演绎到底。互联网行业在中国似乎成为另一种意义上的造钞机。习近平主席曾在 3 个月内两次参加互联网大会，可见国家领导人对此的重视，这正是一次赶超世界的机会。有人说过这样一段话：如果说 1979 年的时候，看不出中国未来会崛起并登顶，完全正常，在那个年代就能看出来的，堪称神人；如果在 1996 年之前能看出来，可以算先知先觉；如果在 2008 年之前才能看出来，可以算后知后觉；如果到了 2015 年还看不出来，那真的只能是不知不觉了，因为这个趋势在过去的两三年间表现得更加明显。亚洲基础设施投资银行成立，人民币加入特别提款权正式生效，"一带一路"建设不断推进，高铁出国……中国的经济外交国际化成绩斐然；奥运会、世博会、G20 等国际峰会在中国举办，中国在朝着成为全球政治中心的路上前行，大国形象更加突出。

我们有幸成长在这个大时代，在接下来的 30 年中，我们能够亲眼看到 300 年来地球文明再次将权力中心、科技中心、经济中心、政治中心全面转移到中国，这并不仅仅是我们宿愿的实现，更是一次历史性的迁移，我们从低速运行的物理时代迁移到了量子物理时代，人类正在完成以互联网为代表的产业升级。我们不仅仅是这个时代的见证者，更要行动起来成为参与者甚至引领者。众创中国，群体崛起的时代已经来临，每个中国人都将见证中国的崛起。让我们携起手来，卷起袖子，实践众创行动，实现群体崛起！

薄　胜

2017 年 4 月

目录

104　第五章
新物种的诞生

第一章

一群人的崛起

第一节　八个老男人的故事

待避定律：开始时间一旦延误，后面就会处处让路，晚点车让正点车。

小米的发展绝对称得上传奇。从 2012 年的 126.5 亿元销售额到 2015 年的 780 亿元销售额，从 2010 年的 2.5 亿美元估值到 2015 年的 450 亿美元估值，小米的成功离不开背后的八个"老男人"。

2009 年，林斌还在担任谷歌中国工程研究院副院长，负责谷歌移动服务的研发，雷军和林斌刚刚认识的时候，只是谈一些工作问题，后来两个人经常相约出去，聊一些对移动互联网和手机的看法，由于林斌本身就是负责移动研发的，所以对这方面也很有兴趣，还经常带着好几部手机，以便随时讨论。可是在聊天中，让林斌惊讶的是，雷军对于手机的狂热和自己相比，那真是有过之而无不及，他包里的手机比自己的还多，所以，林斌对雷军这个人逐渐认可。有一次，两个人一起聊天，林斌说出了自己的想法："我想出来自己创业，做互联网音乐，你看怎么样？"雷军听了后很高兴，对林斌说："别做音乐了，我们做个更大的事情吧！"就这样，雷军找到了他的第一个合伙人。

黎万强是雷军的旧部，两个人共同在金山软件公司并肩战斗过，可以说感情相当深厚，黎万强离开金山后，和雷军打了个招呼，告诉雷军自己以后要去做商业摄影了，雷军一听，乐了，他告诉阿黎："我这里也有一个方向，过来和我一起干吧！"阿黎脱口而出："好啊。"就这样，曾经的好战友再一次聚到了一起。

黄江吉和林斌曾经是微软的同事，原微软中国工程院开发总监，带领了一个 150 人的团队，经林斌介绍与雷军相识。两个人第一次相见时并没有说创业的事，只是聊各种电子产品，一聊就是几个小时，黄江吉被雷军的狂热深深地感染了，聊完后他对雷军说："我先走了，反正你要做的事情，算我一份。"

洪峰是林斌在谷歌时的同事，曾担任谷歌的产品经理，负责谷歌音乐和谷歌 3D 街景。和雷军第一次见面的时候，他问了雷军很多问题，可得到的答案很多都是"和运营商没有关系"、"我认识郭台铭，郭台铭不认识我"等，可以说对之后要做的事情完全没有切实的架构。不过洪峰在了解了之后，对这件事有着和雷军一样的激情，他最后说道："这件事情够好玩，梦想足够大。你觉得这件事情从逻辑上来说是靠谱的，但是从规模和疯狂程度上来说，是绝对不靠谱的。这很有挑战性，我决定来挑战一下。"

刘德，美国艺术设计中心学院工业设计硕士，该学院是美国工业设计专业中排名第一的学院，甚至可以说是世界上著名的艺术设计学院，迄今为止，在建校的 80 多年里，只有 20 多名中国毕业生，刘德便是其中之一。刘德的妻子与洪峰的妻子相识，洪峰加入雷军的队伍后，就想到了刘德，于是就有了雷军和刘德的见面。同样，依然是几个小时的交谈，聊完后，刘德说道："这个事儿挺好，我能帮上你什么忙呢？"雷军说："我想拉你入伙！"回去后，刘德进行了思考，当再次见到雷军时，他说道："这么多年都是我自己一个人干，非常累，就是因为没有一个好团队，我愿意加入这个团队，因为找到一个好团队太难了。"刘德的加入，可以说是雷军的意外之喜："我很庆幸洪峰把刘德介绍给我，刘德现在幸不幸福我不知道，但是有了刘德，我是非常幸福的。"

想要做手机，就需要先找到做系统的人、做手机软件的人、设计手机的人、做硬件的人。经过雷军的四处奔走，这个团队基本已经成立，只差一个做硬件的人了，于是周光平博士成为雷军的新目标。周光平从 1995年起就在摩托罗拉工作，是一位资深工程师，经历了摩托罗拉的三次大起大落，最后也看到了摩托罗拉的大势已去。"2007 年，iPhone 推出的时候，我非常郁闷。大屏幕设计我早在 2002 年就跟公司提过，领导研究后，没有通过。超大内存我也跟公司提过，领导又研究，仍说不行，手机要那么大内存干吗？一家公司之所以不行了，不是因为技术人员做不出来好产品，而是因为这家公司的决策层出了问题。"周光平说。和雷军见面后，经过一番长谈，两人相见恨晚，周光平同意加入团队。

王川和雷军是多年的好友，曾做过雷石——KTV 点歌系统的顶级品牌，该品牌占据了大半的中国市场份额。之后，他又做了多看阅读及多看 For Apple TV 的系统。雷军曾对王川说："你干什么我都支持。"事实也的确如此，小米收购了多看，让王川的团队进来，负责小米电视和小米盒子的业务。在 2016 年 9 月 27 日的小米产品发布会上，王川讲了 50 分钟，雷军讲了 70 分钟，在一个发布会上出现两个主角，这对小米来说还是第一次，可见王川对小米的作用和分量。

八个"老男人"，平均年龄 43 岁，5 个"海龟"，3 个"土鳖"，6 个工程师背景，2 个设计师背景，这样一支"土洋结合"的团队，又拥有着微软、谷歌、摩托罗拉、金山等企业的工作背景，可以说每个人单干都可能成就一番事业，但是他们却聚到了一起，因为只有这样，他们才能创造出更大的价值。这样一支群体崛起的团队，还担心做不成事吗？

第二节　十八罗汉成就一代传奇

墨菲定律：任何事都没有表面看起来那么简单；所有的事都会比你预计的时间长；会出错的事总会出错；如果你担心某种情况发生，那么它就更有可能发生。

2016 年天猫"双 11"购物狂欢节全天总交易额达到 1207 亿元，从 2009 年开始的 5000 万元销售额到 2016 年的 1207 亿元销售额，这背后是阿里巴巴的崛起，也是阿里巴巴成长历程的见证。

任何人的成功都不是只靠一个人的力量，因为阿里巴巴，马云成为一代传奇人物，可他成功的背后离不开团队的支持，这不仅是他一个人的成功，更是以他为首的"十八罗汉"共同的成功。

马云，当过英语老师，成立过翻译社，创建过中国黄页，随后在北京外经贸部[1]干了近两年，最终，他决定重返杭州，干一番大事。做出决定后，马云召集了十几个一直跟着他闯荡的得力干将，告诉了大家两个选择：一是把他们推荐到雅虎工作，以他们的工作经验来说，留在北京绝对可以拥有让人羡慕的收入；而另一个选择，就是和他一起回杭州打天下，但他不能向他们承诺一个美好的未来，可以承诺的只是一个月500元的工资加上创业的艰辛。马云让大家考虑一个晚上再给他回复。没有想到的是，大家出去商量之后，只过了几分钟就一起回来了，大家都愿意和他一起打拼。

在北京的最后几天，这"十八罗汉"一起去了长城，一群人在长城上意气风发，大家都有着一样的豪情壮志，誓要创立一个让所有中国人都为之骄傲的网站。

许多年后，这群人站在长城上的合影被载入了阿里巴巴的史册，因为马云的一句话，十八罗汉就放弃了所有，伴随着马云一路走了过来。或许对于最初的梦想，大家都只是年轻热血，没有人会想到，因为一句话、一个梦想，经历了无数坎坷的阿里巴巴会取得今天的辉煌。

成功不是一个人就可以做到的，没有"十八罗汉"，就不会有如今的一代传奇，而没有这一代传奇，也就不会有"十八罗汉"一说了。这才是群体崛起的魅力。

---

[1]全称为对外贸易经济合作部，2003年3月，中央人民政府贸易部、中央人民政府对外贸易部、对外经济贸易部、国家进出口管理委员会、国家外国投资管理委员会、对外贸易经济合作部整合为商务部。

第三节 天才团队"蓝血十杰"

二八法则：80%的社会财富集中在20%的人手里，而80%的人只拥有社会财富的20%。

《蓝血十杰》是任正非先生曾经推荐的一本书。

蓝血十杰，尽管在二战期间远离战场，却用数字化管理模式帮助盟军节约了10亿美元的耗费，并在战后加入福特汽车公司，把数字化管理模式引入企业内部，通过数字、理性、效率、自信、分析等，成就了福特汽车公司20世纪60年代的辉煌。

二战结束后，来自美国战时陆军航空队统计管制处的十位精英，被刚刚从老亨利·福特手中接过福特汽车公司控制权的亨利二世招致麾下，进入公司计划、财务、事业、质量等关键业务和管理控制部门。从此，他们掀起了一场以数据分析、市场导向及强调效率和管理控制为特征的管理变革，使福特公司摆脱了老福特时代管理的禁锢，从低迷不振中重整旗鼓，再现当年的辉煌。这十位精英对效率和控制的崇拜，使他们获得了"蓝血十杰"的称号，被尊称为美国现代企业管理的奠基者。

蓝血十杰在战时陆军航空队统计管制处的卓越表现，使他们养成了一种对数据和事实的信仰，他们把这种信仰和工作方法带到了福特汽车公司，从根本上改变了福特公司基于直觉和经验的管理模式。按照蓝血十杰的管理哲学，事实都是可以度量的，不能够度量的事情就不是事实，而只是一种现象。他们要求从经销商的销售能力到广告的效果，每件事情都要有数据，每个问题都要由一个数字作为答案。例如，品质就是一个必须用数字度量的事实，为此，蓝血十杰专门设计出一套品质管理系统来统计新车的瑕疵情形，并据此确立了一项标准：缺一个零组件等于 20 点，一部车如果瑕疵点数超过 35 点，就不应该出厂送到经销商手上。

蓝血十杰将全部身心投入到公司的改造中：

- 他们建立了财务控制、预算编列、生产进度、组织图表、成本和定价研究、经济分析和竞争力调查等，这些构成现代企业管理体系的基本要素；
- 推动了公司利润中心的设立，建立了正确评价业务部门绩效和监控业务部门运作的标准，所有这些都已成为现代企业管理控制系统的基本构成要素；
- 重新定义了财务部门的功能，将其重点从审计、会计、现金管理等传统领域，转向持续不断地评估公司的成本、价格和利润、经销与服务的效率，以及长期规划和重大资本投资的财务分析。

蓝血十杰在新产品开发方面是外行，通常认为他们对资产负债表要比产品蓝图在行，对生产单位成本比设计细节更加清楚。但这些技术外行所具有的理性思维品质，使他们天生对市场预估比对产品的奢华配置和发布会的炒作更感兴趣。

蓝血十杰主持开发的"猎鹰"牌小型轿车大获成功的案例，雄辩地说明了客户导向和力求简单的开发策略对新产品的成功是多么重要。"猎鹰"的产品概念最初来自德国大众的"甲壳虫"轿车销售持续增长所引发的关注，一个直接的问题是：到底都是什么人在购买"甲壳虫"轿车？市场调查的结果使那些持底特律固有成见的高管们大吃一惊：买"甲壳虫"轿车的人不是所谓缺乏品味的低收入群体，而主要是律师、医生、大学教授。这意味着汽车产业中存在一个尚未开发的新市场。在随后的四年中，蓝血十杰让福特事业部的设计师们进行了 14 次市场调研，访问了成千上万的美国民众，询问他们对汽车从气缸数目、车身长度、乘客人数到耗油量的意见，从而不是凭直觉而是根据所得到的事实统计出了新车的关键参数。结果"猎鹰"推出后一炮而红，成为当年最畅销的车款。而与之形成鲜明对比的是号称凝聚了底特律汽车人梦想开发出的"艾德瑟"牌轿车，总共亏损了 2.5 亿美元，成为当时美国汽车产业有史以来最惨重的失败。

蓝血十杰的成功，不是一个人可以做到的。十个人中的每个人既各司其职又紧密协作，架构了福特管理体系的平台。蓝血十杰创造的辉煌让人们热血沸腾，他们的成功被我们今天的一个词所印证——群体崛起。

第四节　PayPal 黑帮

马太效应：强者愈强，弱者愈弱，要想在某个领域保持优势，就必须在此领域迅速做大。

在硅谷有这样一群人，他们敢想敢做，有自己的独到见解。在他们的努力下，硅谷充满着蓬勃的朝气。如果没有他们，硅谷或许将是另一番景象。这群人就是从 PayPal 走出来的创业者。

PayPal，互联网金融的先行者，全球众多用户使用的国际贸易支付工具，能够轻松完成境外收付款。2002 年，PayPal 被电商巨头 eBay 以 15 亿美元收购。收购完成后，很多 PayPal 核心成员陆续离开，开始各自的创业之路。虽然不在一个团队，但他们仍然保持着密切联系，互相分享资源和信息。在这样互相协作的情况下，每个人的事业都在不断地发展壮大，这其中就有很多大家耳熟能详的公司：

- 埃隆·马斯克创建的环保电动汽车公司特斯拉和美国太空技术探索公司 SpaceX；
- 雷德·霍夫曼创建的职业社交网站 LinkedIn；
- 戴维·萨克斯成立的企业社交网络服务提供商 Yammer；
- 杰里米·斯托普尔曼和罗素·西蒙斯共同创建的美国最大的点评网站 Yelp；
- 乍得·贺利、陈士骏和贾德·卡林姆一起创立的 YouTube。

2007 年，《财富》的一篇文章将这群人称为"PayPal 黑帮"。

PayPal 可以说是创业者的摇篮，从 PayPal 出来的人大多获得了成功，这些成功并不是偶然，当年他们在组建团队的时候，对伙伴的选择方式也为之后的辉煌埋下了伏笔。"PayPal 黑帮"的成员回忆当时的招聘方式时说道："我们最初主要招聘自己圈子里的人，都是各自大学的好友。曾有一个应聘者来面试，说自己喜欢打篮球，我随即表示，我们不能招聘这个人，在大学期间，我认识的每一位喜欢打篮球的人都是白痴。"由此可以看出他们在寻找与自己类似的人，每个成员都要和创始人一样具备创业的激情和智慧。一波人的崛起，不是随便说说的，而是要拥有同样的信念，这才是真正的群体崛起。

第五节　历史上的群体崛起

手表定理：一个人有一块表时，可以知道现在是几点，而当他同时拥有两块表时却无法确定。

古代中国的老子（公元前 571—公元前 471 年）、孔子（公元前 551—公元前 478 年）、孟子（公元前 372—公元前 289 年），古希腊的苏格拉底（公元前 469—公元前 399 年）、柏拉图（公元前 427—公元前 347 年）、亚里士多德（公元前 384—公元前 322 年），文艺复兴时期的达·芬奇（1452—1519 年）、米开朗基罗（1475—1564 年）、拉斐尔（1483—1520 年），这几波人的崛起，都体现了一种现象——时代会群体出现。

亚里士多德　　苏格拉底　　柏拉图
（公元前384—　（公元前469—　（公元前427—
公元前322年）　公元前399年）　公元前347年）

古代中国

文艺复兴

孔子　　　　老子　　　　孟子　　　　米开朗基罗　　拉斐尔　　　达·芬奇
（公元前551—　（公元前571—　（公元前372—　（1475—1564年）（1483—1520年）（1452—1519年）
公元前478年）　公元前471年）　公元前289年）

  19世纪的最后30年，是美国历史上经济发生最大变革的时代。百年前的美国富豪洛克菲勒、卡耐基等人，出生于1840年前后，成长在19世纪六七十年代。20世纪的最后30年，是个人计算机大爆发的时代，比尔·盖茨、史蒂夫·乔布斯、埃里克·施密斯都是于1955年左右出生，成长在1975年前后。

  在中国，从1929年到1938年间，清华大学物理系共产生本科毕业生

71 人。在这一波人中，共有 21 人成为中国科学院院士，2 人成为美国院士，有两弹一星的元勋王淦昌、赵九章、钱三强、彭桓武、王大珩、陈芳允，还有力学专家林家翘和钱伟长、电子学家戴振铎、波谱学家王天眷、光学专家王大珩，人才产出可谓空前绝后；而新任教育部党组书记陈宝生，是北京大学经济学系 1978 级学生。据统计，在陈宝生的同系同学中，至少出了 9 位省部级高官。

如今早已不是大鱼吃小鱼的时代，而是群鱼吃大鱼的时代，一个人赢不过一个团队，一个团队赢不过一个系统，一个系统赢不过一个趋势。群体崛起不是一个人的事，而是一波人的事。

一个时代、一个国家、一个地方、一波人崛起，这是一个很有趣的现象——汤浅现象。汤浅现象于 18 世纪出现在法国，19 世纪出现在德国，20 世纪出现在美国，21 世纪将发生在中国。

第二章

支撑之"道"

第一节　中国崛起支撑——人才供给

就业增长超出预期，全年城镇新增就业 1314 万人。高校毕业生就业创业人数再创新高。年末城镇登记失业率 4.02%，为多年来最低。13 亿多人口的发展中大国，就业比较充分，十分不易。

——摘自《国务院 2017 年政府工作报告》

数十年来，美国一直主宰着毕业生市场，拥有着世界上最高的大学学历人口比例，在全球主要经济体 55 ～ 64 岁的人口结构中，拥有本科学历的人有三分之一来自美国。

但这个数字在年轻人口结构中出现了变化。中国自 1978 年至 2016 年共计培养了大学生 10 962.8 万名，每年的大学毕业生数量已超过美国和欧盟，并且这一差距还在进一步拉大。保守估计，到 2030 年，中国 25 ～ 34 岁年龄段的大学毕业生数量将增加 300%，而欧洲和美国约增加 30%。

我国每年大学毕业生达到了 700 多万名，人才基数在增加，人才体量也在增加。

1900 年，诺贝尔奖创立，在创立至今的百年间，很少有中国的获奖者，但是从 2012 年开始，莫言获得了诺贝尔文学奖，2015 年 10 月，屠呦呦获得了诺贝尔医学奖。不只是诺贝尔奖，在国际舞台上，中国人也在扮演着越来越重要的角色，在全球战略人才方面，中国也在全方面崛起。2015年8月23日，《三体》作者刘慈欣获得雨果奖最佳长篇故事奖，为亚洲首次获奖者。2016年8月21日，郝景芳凭借《北京折叠》摘得雨果奖中短篇小说奖。2016年11月10日，中国公安部副部长孟宏伟在国际刑警组织第85届全体大会上发表竞选演讲，并高票当选国际刑警组织新一任主席（国际刑警组织现有190个成员国，是唯一的全球性警察合作组织，也是仅次于联合国的第二大政府间国际组织），孟宏伟的当选，让中国公安走向了国际化。

以上这些都充分体现了中国的各方面实力已经达到了一定的水平，而在这个阶段，人才红利的释放在中国才刚刚开始。相信在以后的日子里，我们会看到越来越多的世界大奖花落中国，并且会看到未来科学大奖、世界级会议将由中国发起，这一切都是因为我们的大学培养，因为我们的人才建设产生的红利。

第二节 中国的经济体量

零和游戏：一个游戏无论几个人玩，总有输家和赢家，赢家所赢的都是输家所输的，所以无论输赢多少，正负相抵，最后游戏的总和都为零。

在 2010 年胡润百富榜的名单中，排名第一的宗庆后拥有 534 亿元的财富，在前十名中，互联网企业只有百度和腾讯两家入榜。

2010 年胡润百富榜

2010 年排名	2009 年排名	姓名	年龄（岁）	2010 年财富（亿元）	公司
1	3	宗庆后	65	534	娃哈哈集团
2	14	李彦宏	42	480	百度
3	12	梁稳根	53	394	三一集团
4	9	张近东	47	380	苏宁电器
5	/	李锂夫妇	46	360	海普瑞药业
6	15	何享健	68	334	美的集团
7	2	刘永行	62	327	东方希望集团
8	29	吴亚军夫妇	46	314	龙湖地产
9	7	马化腾	39	294	腾讯
10	1	王传福	44	284	比亚迪

而五年后的 2015 年，排名第一的王健林拥有 2200 亿元的财富，在前十名中，互联网企业占据了半壁江山。

2015 年胡润百富榜

2015 年排名	2014 年排名	姓名	年龄（岁）	2015 年财富（亿元）	公司
1	2	王健林家族	61	2200	万达
2	1	马云家族	51	1384.3	阿里巴巴
3	3	宗庆后家族	70	1117.6	娃哈哈
4	8	马化腾	44	838.2	腾讯
5	10	雷军	46	768.4	小米
6	7	严昊家族	29	660.4	苏太华系
7	6	李彦宏	47	590.6	百度
8	24	卢志强家族	63	552.5	泛海
9	11	张近东	52	495.3	苏宁云商
10	20	鲁冠球家族	69	476.3	万向

　　五年的时间，第一名的财富翻了将近 4 倍，互联网企业的数量也在快速增加。在世界经济难以捉摸、波动异常的背景下，中国成为 10 万亿美元体量的世界第二大经济体，而且仍然保持着 7% 左右的增长速度，占全球经济体量的 12.3%，对世界经济增长贡献达到 30%。

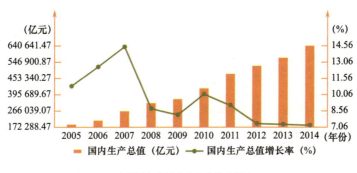

中国近年来国内生产总值及增速

　　互联网行业的发展，也是带动经济增长的重要因素，中国互联网行业的群体崛起已经成为必然，因为它占据了"天时"、"地利"及"人和"。

- 国家政策的出台，"大众创业，万众创新"口号的发出，让互联网行业拥有了"天时"；
- 基础设施的不断完善、优化市场购买力的提升和人们对网络消费习惯的形成，让互联网行业拥有了"地利"；
- 从 1978 年到现在的人才积累，培养出了大批有知识、有理想的科技型人才，让互联网行业拥有了"人和"。

这样一个时代的机遇，拥有全面的产业配套、厚重的文化底蕴、充足的科技人才，让互联网行业迅速崛起，出现了很多O2O、P2P等新兴企业，带动了全民性消费升级，以及创业投资的热情。

2008年金融危机之后，全球经济出现了下行，中国却一枝独秀，中国股市在2015年的高点，每天的交易量都达到1万亿元以上，仅在当年3月的第3个星期，中国股市就新开设了114万个账户，就市场40万亿元的市值来说，这样的交易量是疯狂的，也证实了中国拥有庞大的经济体量。

2015年也是创业投资爆发式增长的一年，据2015年第一季度中国私募股权投资市场数据统计结果显示，新募集的私募股权投资基金共计137支，募资总额达到77.75亿美元。一季度共产生224起投资事件，披露金额的192起案例涉及资金56.28亿美元。互联网行业投资数量54起，融资19.22亿美元，占比34.1%。在一年间，全国创业投资机构新设立的创投基金有721支，新增可投资资本量2200亿元，增长近80%，成为吸金最多的行业。下图所示为中国2008—2015年上半年天使募资总量的变化比较。

中国天使募资总量的变化比较（2008—2015年上半年）

如下图所示为中国 2011—2015 年上半年风险投资情况。传统行业需要几十年甚至几代人创造的财富，在这个财富大爆炸的时代下一夜之间就成为现实。

2011—2015 年上半年风险投资情况

除了投资领域外，土地流转也是带动经济发展的重要驱动力，它盘活了我国 960 万平方公里的国土资产，这是中国最大、最丰富的未经触动的一笔庞大资产。2014 年 1 月 1 日至 11 月 30 日共发布土地面积 19003.1 万亩，其中交易面积为 3715.1 万亩，二者年均增长率分别为 178.4% 和 155.0%。流转具体化土地价值后，将推高中国国内生产总值（Gross Domestic Product，GDP），增加中国在世界经济中的份额，极大地提高中国在世界经济中的发言权，加强中国经济体量的规模。

广义货币从曾经的流向房地产、流向股市，再到现在的流向创投市场，支撑着中国的产业升级，一次真正的由资本推动的科技创新正在 960 万平方公里的土地上发生，中国的经济体量已经开始支撑这条崛起之路。

第三节 走向世界的中国"智"造

华盛顿合作规律：一个人敷衍了事，两个人互相推诿，三个人则永无成事之日。

2016 年 11 月 9 日，唐纳德·特朗普当选美国第 45 任总统。特朗普上任后，打出来非常重要的一张牌——产业回迁。对于全球的智能制造领域的创业者而言，一个很常用的创业场景就是利用互联网完成商品的预售后再开始投入生产制造的过程。在预售领域有一个非常重要的网站 Kickstarter，这是一个专门为具有创意方案的企业筹资的众筹网站平台，很多智能制造领域的创业者通常会把自己的创意做成视频，放到 Kickstarter 网站上，通过路演来完成创意产品的预售，一旦完成预售，创意者的第一件事一定是拿着资金来到中国的深圳找生产厂商，因为全球领先的复杂电子产品的生产提供者就在中国广东。

特朗普在提出"产业回迁"时说道："我们要把工作拿回来。"由此可以看出特朗普提出的"产业回迁"特色，主要是为美国国内创造更多的就业岗位，让美国自身的制造业拥有完善的生产能力。从表面上来看，这对中国的制造业是一次不小的冲击，但这又何尝不是一次机会。在面临压力的同时，我们同样可以发展自己的产业，拥有我们自主研发的产品。

新中国成立以来，回首几十年的发展历程，中国今天所经历的重大转变，在美国历史上或多或少可以看到影子。

1890 年到 1900 年的十年间，美国经历了历史上重要的转折点，正是这十年的重要转变，为美国的发展打下了坚实的基础。1893 年美国爆发了 19 世纪最大的一次经济危机，危机的根源就在于国内的产能过剩，而国内的消费动力却显得疲惫不堪，这样的矛盾造成了美国经济出现了前所未有的衰退。到 1893 年年底，有 624 家银行倒闭，450 万人口失业，储备大幅减少。在如此大的动荡下，厂商林立，恶性竞争不断加剧，以价格战为平台的无形战场，让市场混乱不堪，小企业很难支撑，甚至一些大企业都出现了倒闭现象。它们都已经无法独自生存下去，只有规模大又有实力的企业才能更好地发展，由此产业的集中就成为大势所趋。由于生产和资本的集中，促使了银行资本和工业资本的加速融合，形成了许多垄断财团。摩根财团就是当时的美国十大财团之一，约翰·皮尔庞特·摩根（J.P. 摩根）为美国钢铁业的重组与新生做出了重要的贡献，他驱动并主导了美国产业的大重组，1900 年，J.P. 摩根收购了卡内基钢铁公司，吞并了 785 家中小型钢铁企业，成为美国唯一的钢铁巨头，是世界上第一个资产超过 10 亿美元的公司。

美国的工业革命比英、法、德等国晚了 50 多年，但是在 19 世纪的最后十年，美国的工业总产值却超越了英、法、德等国，一跃升到世界第一，成为 20 世纪的霸主。之前我们也提到过时代会群体崛起，在不同的时代、不同的地点，不同的国家会随着时代崛起，16 世纪的意大利、17 世纪的英国、

18 世纪的法国、19 世纪的德国，而到了 20 世纪，美国崛起了。

21 世纪，我国的产业也到了这一重要的转折点上，也开始面临美国当年的很多问题，但经过几十年的积累，我国的制造业从起步、探索到崛起，已经开始在世界上崭露头角。

2015 年 11 月 16 日，中国的超级计算机"天河二号"打败了美国，连续六次称雄，但其核心芯片是美国制造的，不久后，美国商务部就下令禁止英特尔、英伟达和 AMD 向中国政府出售高端芯片。2016 年 6 月 23 日，在遭遇美国禁售后，中国制造出了自主研发的"中国芯"，并打败了美国，再一次成为世界第一。这一刻，我们证明了自己。

2016 年 11 月 17 日，在决定全球通信技术标准的 5G 方案对决中，华为以绝对优势击败了欧美国家，Polar Code（极化码）成为 5G 短码最终方案。这意味着在未来，全球通信技术的标准将由中国企业来主导。而这似曾相识的一幕，自"中国芯"后，再一次证明了"中国的产业需要依靠欧美国家的技术才能做到世界顶尖水平"的时代已经结束了。

我们的产业能力已经可以支撑我们走向世界。在这样的支撑下，中国的企业已经开始布局全球产业链。2016 年 6 月 6 日，苏宁收购国际米兰 70% 的股份；6 月 7 日，海尔以 55.8 亿美元收购通用电气的家电业务；6 月 30 日，美的正式完成收购东芝家电 80.1% 的股份；支付宝也开始布局海外市场，"中国"这两个字已经开始出现在世界的标签上。中国的制造业已经开始走向世界，并由"中国制造"转型为"中国智造"。

总结

国民创造总时间是笔者自己总结出来的新概念，并用推算出来的一套算法计算出评估的数值。具体算法如下。

通过抽样的方式收集某企业一年的专利数，然后除以该企业的员工总数，再除以工作时间（我们按 8 小时工作制来计算），算出一名员工每小时可以创新的专利指数（此指数只是一家公司的，我们需要多抽样几家公司，以求出平均值，尽量提高指数的精确度），用该指数乘以全国 25 ~ 60 岁工作者的人数，再乘以全年的工作时间（365×8 小时），这样就可以估算出国民创造总时间。通过此算法可以算出，国民创造总时间：中国为 66.02 亿小时，美国为 24.36 亿小时、韩国为 14.66 亿小时，日本为 4.28 亿小时、德国为 59522097.6 小时。虽然我国占据人口基数的优势，但是无疑我们拥有庞大的创造时间。

第四节　用数据撑起一个大"势"

当我们觉得社会该变革的时候，首先自己要主动变革，而不是让别人理解和赋予我们变革的权利，当每个人都做出了足够的努力和改变，这个社会自然就如我们所愿了。

一　每秒 12 万笔订单

那些年，"双十一"还只是光棍节，大家还只是将单身作为调侃的话题。

可是从 2009 年的"双十一"开始，光棍节的味道变了，各种"大促"、"折扣"、"秒杀"、"红包"等词语，逐渐代替了"单身"、"光棍"等词语。随着几年的发展，每年的"双十一"都在刷新着广大网民的消费记录。这一天，已经成为中国电子商务行业的年度盛会，被"剁手党"贴上了"购物狂欢节"的标签。

我们用一些数据来看一下，"双十一"这一天到底有多火。

2014年
11月11日
天猫"双十一"购物狂欢节，仅开场1分钟，交易额就突破了1亿元，全天交易额达571亿元

2015年
11月11日
刚开始18秒交易额就达到了1亿元，全天交易额达到了912.17亿元，远超2014年

2016年
11月11日
不出所料地再一次刷新了纪录，全天交易额高达1207亿元，支付宝达到了12万笔/秒的交易量

"双十一"购物狂欢节相关数据

从 2009 年 5200 万元的成交额，到 2016 年的 1207 亿元，"双十一"已经成为全民购物的盛宴。在全球经济下行的大背景下，"双十一"的疯狂购物显示了国民潜在的消费实力，无疑是拉动内需的风向标。而在国民庞大的消费量背后，我们更应该关注一个数据：支付宝交易量峰值为 12 万笔 / 秒，实现支付总笔数 10.5 亿笔。如此壮观的数量，也只有中国能够做到了。更令人咋舌的是，所有的交易和大数据的处理都是基于阿里云的开放数据处理服务来完成的。在这样高强度、高负荷的状态下，平台居然没有崩溃，很好地实现了人们"剁手"的愿望。

在全民疯狂消费的背后，我们的技术是"理智"的，正是因为有了这样强大的技术，才让这样的消费盛宴保持着年年创新高的消费记录，也让我们看到了全民的消费能力。

二　每秒 115 个订单

2016 年 8 月，美国《财富》杂志评出"2016 改变世界"的全球 50 家公司榜单，滴滴出行是当年唯一一家入榜的中国企业，而其上榜的理由是其在治理污染方面的贡献。滴滴出行的出现，让中国每天减少了 100 万次的汽车出行，同时减少了 1350 万吨碳排放。滴滴出行的"共享经济"整合了行驶领域过剩的资源，降低了出行成本，方便了大众的出行生活。

说到滴滴出行，很多人都会想到 2014 年的补贴大战，这次大战是中国互联网的一次标志性事件，为很多"后起之秀"在做推广的过程中起到了醍醐灌顶的作用。

从 2014 年到今天，滴滴出行和快的、Uber，一路补贴战、收购战，最终滴滴出行胜出。几年的积累，也为滴滴出行吸引了近 3 亿名注册用户。根据滴滴公布的 2015 年订单数据来看，这一年滴滴出行订单总量为 14.3 亿个，这个数字是美国 2015 年所有出租车订单总量的 1.8 倍，更是超过了优步成立 6 年来累积的 10 亿个订单量。2016 年 3 月 19 日，滴滴出行日订单量首次突破 1000 万个，相当于每秒完成 115 个订单。

这样的数据是由曾经的补贴所"补出来"的，补贴的目的是要获取数据、培养习惯、数据可以帮助分析用户的属性，习惯，可以帮助增强用户的黏性，把用户的习惯培养出来，让用户对你产生依赖。

在这些庞大的数据背后，体现的是滴滴出行超强的大数据计算能力：如何将约车信息推送给最近区域内的司机、如何进行优惠处理、如何判断抢单机制等。在这些基础上，让订单的匹配更加智能。这一切都需要依靠大数据技术来支持。

未来是数据化的战场，抢先获得了数据，也就先人一步占领了市场，通过滴滴出行的数据来看，我们的数据战已经开始了。

三　每秒 24 万次点击量

春运，对全中国人民来说都是一场规模壮大的迁移运动，对春运期间乘车的人来说，回家只是一张火车票的距离，而这"几厘米的距离"，却道出了人们回家的心酸历程。春运期间的抢票难度相比于"双十一"的疯狂购物有过之而无不及，尽管票难买，却挡不住漂泊者对家的思念，他们穿越大半个中国，只为回到心中的那个家。

　　"春运"一词正式出现在 1980 年。从曾经的"绿皮车"到现在的"子弹头",春运,记录了中国人的亲情史,也见证了中国的经济发展和社会变化;从在售票口买票到网上订票,也让人们看到了我国技术实力翻天覆地的变化。

　　2015 年春运的火车票售卖高峰是在 12 月 19 日这一天,当天 12306 网站访问量达到破纪录的 297 亿次,而平均点击量也达到 24 万次 / 秒,12306 网站被称为"全世界最忙碌的网站"。

　　虽然每年对 12306 的抢票都少不了网友的"吐槽",但不论经历了多么艰辛的抢票过程,我们最终还是与亲人一起坐在了春晚的电视机前。

　　12306 网站的春运数据,完美地展现了中国人口的庞大数量,而在如此高流量的访问下，12306 网站没有瘫痪，这体现了网站背后强大的技术，从 2012 年到 2015 年短短三年间的春运里，12306 网站的访问量从 10 亿次到 297 亿次，增加了近 30 倍。由此可以看出，我们的技术有了质的飞跃，在海量数据面前，我们的技术研发不会有半刻的松懈。

四　属于我们的"大数据"

前面说到的每组数据背景，都是其他国家不可复制的，我国的网民数量是 7.1 亿人，居全球第一。我国拥有庞大的人口基数优势，网民活跃度高。随着互联网技术的日益提高，具备巨大的通过数据提高经济增长的潜在动力，甚至路边的一个煎饼摊都可以通过微信扫码支付。

传统企业的转型升级，社会平台的建设及治理，都为大数据的发展提

供了广阔的市场空间,我们的数据已经开始变得无处不在,中国将是拥有数据量最多的国家。

而在技术领域,通过分布式缓存、分布式数据库、NoSQL 分布式存储等分布式架构设计,我们已经可以驾驭庞大的数据量。这些,都是属于我们的"大数据",也是专属于我们的优势。

第五节 多层次资本市场

说市场经济只是限于资本主义社会,这肯定是不正确的。市场经济,在封建社会时期就有了萌芽,社会主义也可以搞市场经济。

——邓小平

我国最初设立沪、深交易所时,只有为大中型企业服务的主板市场。2003 年,中央提出建立多层次资本市场。2004 年 5 月,经国务院批准,中国证监会批复同意深圳证券交易所在主板市场内设立中小企业板块。2009 年 10 月,创业板正式上市。2012 年成立全国中小企业股份转让系统,又称"新三板"。至此,我国初步形成了由主板、创业板、新三板和区域性股权市场构成的多层次资本市场体系。通过下表可以看到,每个板块的上市,都带来了条件的放宽,可以让更多的企业参与进来。

多层次资本市场比较

指标	新三板	创业板	主板和中小板
股本要求	挂牌前总股本≥500万元	发行后总股本≥3000万元	发行前总股本≥3000万元 发行后总股本≥3000万元
企业性质	股份有限公司	股份有限公司	股份有限公司
财务要求	1. 无硬性财务指标要求 2. 主营业务突出，具有两年持续经营记录	1. 最近两年持续盈利，净利润累计≥1000万元，且持续增长 2. 最近一年盈利，且净利润≥500万元；最近一年营业收入≥5000万，最近两年营业收入增长率均不低于30% 3. 最近一期无未弥补亏损	1. 最近三年净利润为正数且累计超过3000万元 2. 最近三年经营活动现金流量净额累计>5000万元；或者最近三年营业收入累计>3亿元 3. 最近一年期末无形资产占净资产的比例<20% 4. 最近一期无未弥补亏损

　　这一体系不仅有力地支持了经济社会发展，而且为建立现代企业制度、构建现代金融体系、推动多种所有制经济共同发展做出了重要贡献。

　　多层次资本市场体系如下图所示。

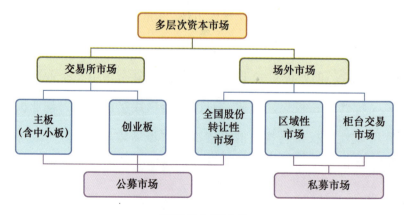

多层次资本市场体系

- 主板和创业板市场将继续发展壮大交易所市场，促进上市公司做大做强，为投资者提供良好的回报，逐步形成交易所市场适度、有序的竞争局面；

- 新三板市场将以较低的准入条件和更便捷核准为特色，提供转板机制，逐步增加活跃度和流动性，解决大量中小企业融资问题，缓解首次公开募股（Initial Public Offerings，IPO）压力；

- 区域性股权市场和柜台交易市场将在清理整顿现有各类交易场所的基础上，鼓励有条件的区域规范发展区域性股权市场，帮助解决更多基础层面企业的融资和改制需求，为高层次市场提供储备，为中国经济提供基础性金融服务。

2016 年 3 月 16 日，李克强总理在人民大会堂会见中外记者并回答记者提出的问题时表示，不管市场发生怎样的波动，我们还是要坚定不移地发展多层次的资本市场，而且可以通过市场化债转股的方式来逐步降低企业的杠杆率。2016 年 6 月 20 日，李克强总理在中国人民银行主持召开的金融系统座谈会上表示，要坚持稳健的货币政策，要深化金融领域的各项改革。支持民营企业发展，助力民间投资，有序发展民营银行，发展多层次资本市场，提高直接融资比重，逐步降低非金融类企业杠杆率，防范市场交叉风险。

在资金方面，投资者具有不同的层次，有的人愿意投资高风险、高回报的股票，有的人则愿意选择风险度适中的股票。如果仅有主板市场，对公司上市和交易的风险标准是统一的，无法满足不同层次的投资者。在市场环境方面，由于市场的层级区分，企业素质也呈阶梯式上升，这实际上提供了一个市场筛选机制，优秀的企业可以进入上一级市场交易，对于长期经营不善的企业，则通过退出机制，退出到下一级市场交易，这样形成一种优胜劣汰机制，既有利于保证挂牌公司的质量与其所在市场层次相对应，又能促进上市公司努力改善经营管理水平，提高上市公司质量。

到 2016 年年底，新三板挂牌企业突破 10000 家，总市值为 38677.6 亿元，新三板是中国资本市场最大的创新。中小企业融资难主要是因为信息不对称和股权融资的定价难以协定，而新三板恰恰具备了信息披露和定价这两个基本功能。通过持续增长的挂牌企业信息的披露，让投资者了解了中小微企业的信息和需求，又通过公开转让和交易，实现了对中小微企业的估值和定价。可以说，多层次资本市场让市场结构不再板结，充满了生机和活力。

第六节　互联网是什么

长板理论：当你把桶倾斜，你会发现最多能装多少水取决于你的长板（核心竞争力），而当你有了一块长板，就可以围绕这块长板展开布局，为你获取利润。

1785 年，英国人瓦特改良的蒸汽机投入使用，开创了用机械代替手工作业的时代，结束了人类对风力、水力和畜力的依赖，带动了工业的发展，使英国的煤产量从 1770 年的 600 万吨提高到 1800 年的 1200 万吨，铁产量从 1770 年的 5 万吨提高到了 1800 年的 13 万吨，1800 年英国生产的煤和铁产量，比世界其他地区加在一起还要多。第一次工业革命不仅仅是一次技术的蜕变，更对社会的发展具有深刻的意义，使交通领域、政治领域、世界各国的发展等诸多方面都产生了巨大的变化，受到广泛欢迎。它的诞生是人类技术发展史上的一次巨大革命，人类从此进入机械化时代。

19世纪下半叶，随着欧洲国家和美国、日本工业的快速发展，第二次工业革命紧跟着第一次工业革命而来，并从英国向欧洲其他国家和美国蔓延。1866年，德国人西门子研制出了发电机，随后，电灯泡的出现照亮了人们的生活，电话的出现方便了人们的沟通，以及电车、电报机、电动机等相继问世，电器开始代替机器，人类进入了电气化时代。另一方面，内燃机的出现，为汽车和飞机工业的发展提供了重要作用，同时推动了石油开采业的发展，新兴了化学工业。可以说第二次工业革命是技术和工业的结合，进一步提高了生产能力，改变了人们的生活方式。

第三次工业革命，或者应该叫科技革命，这是革命进化的一个分水岭，如果说前两次革命是量变，那么这一次就是质变，让人类真正进入现代化社会。互联网的出现，让社会形态发生了本质性的变化，移动互联网、智能家居、大数据、云计算、人机交互、3D技术等新兴词语，不再与前两次工业革命的词语发生冲突，第三次工业革命就在颠覆人们认知的情况下，走进了人们的生活。

在过去200多年的工业革命中，中国一直落后于发达国家。经过了1978年之后的改革历程，中国的人才、经济、产能、技术都已经得到了充分的积累。进入21世纪，中国与发达国家站在了一起，在以互联网为代表的第三次科技革命中，中国必将成为这一次革命的引领者之一。

2016 年的 G20 峰会上，马云提出了电子世界贸易平台（Electronic World Trade Platform，eWTP）的概念，希望建立国际贸易新规则，从而更好地帮助全球的中小企业、年轻人和发展中国家发展，真正建立一个开放的"平台"，而不是一个封闭式的"组织"。在这个开放平台上，国际贸易中的各类主体共创共享，共同协作，促进全球普惠贸易和经济社会发展。

在第十二届北京国际车展的淘宝大厅里，停着这样一辆车，它既不是大牌厂商的全球首发车，也不是国内品牌的概念车。但就是这样一辆普通汽车，受到了大家的关注。因为它不属于任何汽车厂商，而是由两位 80 后的小伙子王宇和李林韬在淘宝上买的零件拼装而成的——意大利产的方向盘和音响，美国产的发动机控制系统、组合仪表。这款中国版跑车的性能不亚于最新发布的保时捷 911Speedster，最高时速可达 310 公里。

在互联网出现之前，人们即使身怀绝技也无法施展，或者说即使施展也会大费周折。但是通过互联网提供的协作平台，只要志同道合，即便互

不相识的人也可以通过互联网平台协作起来，需要的资源可以通过互联网平台获得，这就是互联网引起的众创力量。庞大的互联网协作体系，大部分是由用户参与制造的。

这就是移动互联网的厉害之处。在互联网时代，没有人知道坐在电脑前的你是一个什么样的人。但是在移动互联网时代，互联网能清楚地知道你的基本信息，它可以获得每个人的喜好，从而更准确地分析消费者的定位，让商家与顾客达成另一种意义上的协作。互联网将很多的不可能都连接在一起，让协作变得更加紧密。

小米注重的参与感就是通过互联网和用户连接起来，让用户参与其中，"100个梦想的赞助商"就是通过参与感得到的100个种子用户。小米在发布手机以前，用了一年的时间做软件，期间从手机论坛上找到了1000个人，然后一个一个地把他们拉到小米的论坛里，让他们做一件事，就是把自己手机的操作系统换成小米的MIUI操作系统。对用户来说，这是非常危险的，因为刷机后，手机容易出现各种问题，如功能无法使用、开机死机，甚至烧坏主板等，所以很多人不愿意这样做。最后，小米从1000个人中真的找到了100个人，他们愿意把自己的手机操作系统换成小米的MIUI操作系统。通过每周沟通，一起和小米参与MIUI的开发，这100个人成为小米的第一批"天使"用户，他们也成为MIUI的首批测试人员。正是这种参与感的模式通过互联网这个平台让人们产生了协作。

人类理解社会的方式是因果关系——有因必有果，这种关系是看得到的，所以人们能够理解。而互联网对事物的理解方式是相关性，这个相关性是一种非常动态化的东西，是不确定的，它取决于人们对数据化的认知，很多人不理解互联网，就是因为他们以感性的逻辑看待事物。对互联网的认知也是对自己的认知、对身边人的认知、对社会无限创造力的认知。当我们的这个认知发生变化时，互联网就能感受到。

第七节　基础设施建设

包抄、分隔、冲锋、突击都要快，但发动总攻要慢。

从 2014 年亚洲太平洋经济合作组织会议上"互联互通蓝图"的提出，到 2016 年 G20 峰会中"全球基础设施投资中心"发布的报告，"基础设施"显然成了世界经济领域的热词。中国的基础设施建设在改革开放进程中突飞猛进，三峡工程、西气东输、南水北调、青藏铁路、京沪高铁等一大批重大项目建设顺利完成，取得了举世瞩目的成就。

以高铁、高速公路为代表的基础设施建设为例，铁路营业里程由 1949 年的 2.18 万公里增至 2008 年的近 7.97 万公里，1962 年我国国家铁路电气化里程仅为 100 公里，2008 年达到 2.5 万公里，建成了上海磁悬浮、广深高速铁路等工程；公路里程由 1949 年的 8 万公里增至 2008 年的 373 万公里，其中高速公路由 1988 年的 0.01 万公里增至 2008 年的 6.03 万公里，增长了 602 倍，"五纵七横"国道主干线初步形成，公路等级明显提高，路况明显改善，带动了交通产业的发展。

以 BAT 为代表的企业，不仅仅是互联网公司，还是构建互联网基础设施的协作平台。在过去十年间，互联网的快速发展颠覆了社会的认知，基于互联网的业务也在向金融、物流、零售、娱乐等各行各业渗透。

百度已经不仅仅是搜索网站，百度百科、百度 Hi、百度钱包、百度外卖等已出现在各国相关领域；阿里巴巴不再只是淘宝网站，支付宝、阿里健康、淘宝同学等也已涉猎金融、健康、教育等领域；腾讯不再只是聊天工具那么简单，腾讯精品课、腾讯游戏、财付通等也已经构架出一个庞大的互联网结构。

以 BAT 为代表的企业互联网基础设施的建设成为支撑人们生活的平台，各大社交平台加强了人与人之间的互动和协作，使社会全体成员都能成为新闻的发现者、传播者和制造者。我们的生活已经离不开互联网，互联网基础设施的建设将推动经济的增长，助力产业的转型升级，引领人们的生活方式。

第八节 崛起的道路

一定要在往上走的时候就部署，不能等原有业务往下走的时候再部署，那样就来不及了。

人才方面，自 1978 年起至今，我国积累了足够的大学生储备，世界级奖项也开始出现了中国获奖者，在国际的舞台上也有了中国人的身影。在这个时代，我国的人才积累爆发了出来，开始出现群体崛起的现象。

经济方面，我国股市在 2015 年的高点每天的交易量都达到了 1 万多亿元，广义货币从原来流向房地产到流向股市，再到现在流向支持创投市场。仅 2015 年，我国新增的创投机构就超过 2000 家。我国已经成为世界第二大经济体，这标志着我国的特色社会主义发展取得了重要的成果，我们走的道路是正确的，我国在世界上的地位也得到了提升，更重要的是为我国的发展奠定了坚实的基础，中国经济在一步一步崛起。

产业方面，各企业开始布局全球产业链，很多企业已经可以研发世界级的产品。2016 年 6 月 20 日，"神威·太湖之光"超越"天河二号"问鼎榜首，成为世界上首台运算速度超过十亿亿次的超级计算机，而"神威·太湖之光"也是完全由中国自主研发的，中国制造已经开始走向世界，并由"中国制造"转变为"中国智造"。

制度方面，保证了人民民主权利的充分行使，体现了社会主义民主的本质。中国共产党的性质决定了领导使命，在历史的变革中，我们也看到了历次的变革，只有中国共产党的出现才能带领中国走向世界，我们的党、我们的国家就是我们强大的后盾。

技术方面，互联网底层的基础设施已经搭建完成。1987 年 9 月 20 日 20 点 55 分从北京向海外发出的 "Across the Great Wall we can reach every corner in the world."（越过长城，走向世界）电子邮件，成为中国使用互联网向世界发出的第一封电子邮件，开启了中国人使用互联网的新时代。我国的互联网已经走过了以新浪、搜狐、网易为代表的门户时代，以及以人人网、QQ、淘宝为代表的 Web 2.0，下一代的互联网正在以智能制造、人工智能、虚拟现实的方式开启，我们将会看到大规模的用户协同，新的组织方式、新的生产方式就在互联网搭建的基础设施和传统的基础设施的基础上协同生产。人类将实现真正的协同，并且是大规模的协同。12 万笔 / 秒的交易、115 个 / 秒的订单、24 万次 / 秒的点击量，这些数据证明了我们的技术足够支撑大规模的协同，在庞大的数据面前，我们拥有强大的技术。

人才、经济、产业、制度、技术这些方面的进步都强有力地支撑着中国崛起的道路，带领着中华民族实现群体崛起。而我们今天之所以能够走向崛起之路，正是因为我们的互联网基础设施建设的逐步完善。

第三章

浪潮之巅

第一节 众里寻他千百度

企业最主要的任务是识别并挑战新的市场，随机应变是企业最重要的资本。

"众里寻他千百度，蓦然回首，那人却在灯火阑珊处。"这段诗句所表达的执着之意被无数人谈及，流传至今。

李彦宏因这首词起了"百度"这个名字，并最终让它成为全球最大的中文搜索引擎、最大的中文网站。或许和辛弃疾一样，百度也是想表达出它对中文信息检索技术的执着追求。

尽管 5 年的时间在 IT 产业发展的过程中不值一提，但就是这短短的 5 年，李彦宏带领的百度却创造了中国的 IT 神话：百度公司于 2000 年 1 月由李彦宏创立于北京中关村，经过了短短 5 年的时间，2005 年 8 月 5 日上午 10:00，参与百度上市的人员在李彦宏的率领下，进入 New York Plaza 高盛银行办公室内，共同见证百度上市第一笔交易的历史时刻，11:35 第一笔交易完成，股价涨至 72 美元，上涨 200%，收盘价 122.54 美元，较发行价上涨 354%；盘中价格更是一度暴涨 450%，达到 151.21 美元。百度为纳斯达克创造了历史，华尔街开始沸腾！

百度的 IPO 造就了包括李彦宏在内的 7 名亿万富翁，同时也造就了 200 名千万富翁以及为数更多的百万富翁。他们中的大多数在 6 年前还是学生。

百度 IPO 造就的个人财富

2016 年 4 月，百度机器人"度秘"成为肯德基员工，顾客只需要通过语音和机器人交流，就可以实现从点餐到支付的全部流程；同年 9 月，百度向外界展示了对人工智能的研究成果——"百度大脑"，其语音、图像、自然语言处理和用户画像四大功能，使其成为世界上最领先的公司之一；在 2016 年 11 月的乌镇世界互联网大会上，百度无人车以其对红绿灯识别精度超过 99.9%、对行人判断的准确率达 95%、用摄像头判断物体的准确率达到 90.13% 而落地实测。除此之外，百度也将人工智能应用到了金融、交通、旅游、房地产等多个领域。百度多年来积累的数据和核心技术，已经构建出了完善的互联网基础设施平台，足以支撑除搜索引擎以外的其他领域。

第二节　阿里巴巴和四十大盗

对一个真正关心时代变迁的人来讲，异端往往代表着未来。

《阿里巴巴和四十大盗》是这个世界上大部分人都听过的故事，陪伴着一代又一代人的成长。让人想不到的是，受"阿里巴巴"这个名字的启发，崛起了一个全球最大的零售交易平台。

马云在最初创立公司的时候，"十八罗汉"仅凑了 50 万元启动资金，但他们还是想把未来的公司定位为全球化的平台。因此，公司的名字也要达到"天空一声巨响，名字闪亮登场"的冲击效果，为了起这样一个名字，马云也是苦思冥想。

有一次他在美国的一家餐厅吃饭，突发奇想地找来了一名服务员，问他是否知道"阿里巴巴"这个名字。服务员说："当然知道，芝麻开门。"在这次之后，马云又问了很多人，他们都知道阿里巴巴和四十大盗的故事，这是一个全球很多人都知道的名字，于是，马云把"阿里巴巴"定为公司的名字。

1999 年 2 月 20 日，农历大年初五，湖畔花园小区 16 栋三层，十八个人聚在一起开了一个动员会。这个动员会后来被人们戏称为"吹牛大会"，会上马云提了三大目标：第一，我们要做一家为中国中小企业服务的电子商务公司；第二，我们要成为世界上最大的电子商务公司；第三，我们要做一个生存 102 年的公司。

2014 年 9 月 21 日，阿里巴巴登陆纽交所，不仅造就了马云这个传奇人物，还造就了 28 名亿万富翁、上千名千万富翁、上万名百万富翁，更是实现了马云的前两个目标。

上万名百万富翁

2016 年 11 月 27 日，支付宝"圈子"事件引发人们的"热情"，成为人们茶余饭后的谈资，虽然阿里巴巴快速遏制了这一事件并郑重道歉，但我们可以看到阿里巴巴对"社交路"的决心。在"圈子"事件之后，支付宝又搞起了圣诞节 AR 实景红包，用户在发、抢红包的时候，需要指定或找到相应的位置，进行实景扫描才能够领取红包，这样的互动性加强了用户之间的交流，同样展现了阿里巴巴的社交心。2010 年马云就说过：淘宝即社交。可见阿里巴巴想构建一个庞大的互联网基础设施平台，它的业务领域也不会局限在电商和支付方向。

第三节　"十分钱"的由来

苛希纳定律：如果实际管理人员比最佳人数多 2 倍，工作时间就要多 2 倍，工作成本就要多 4 倍。

1998 年 10 月的一天，同为大学同学的马化腾和张志东在一家咖啡馆构思着一个公司的名字，这个公司日后影响了无数中国人的生活。

"腾"字代表着腾飞，并且与马化腾的名字有关；另外，由于美国朗讯科技公司和马化腾的老东家润迅都是很不错的通信公司，并且名字里都有一个"讯"字，于是，"腾讯"这个名字诞生了。

至于英文名字 Tencent，则是参考著名的通信公司朗讯（Lucent）而起的。当时的腾讯以手机通信业务为主，手机在那时逐渐普及，发一条短信一毛钱，也就是十分钱，正好呼应了其英文"ten cent"。这就是"十分钱"的由来。

2014 年 6 月 16 日，腾讯控股（00700.HK）在香港联交所正式挂牌交易。根据其每股 3.70 美元的发行价计算，腾讯的上市直接造就了 5 个亿万富翁。这还不算，从 2010 年到 2015 年 4 月，腾讯开放平台上合作伙伴的收益分成已经超过 100 亿元，诞生了 50 位亿万富翁、20 家上市企业。

腾讯造就的个人和企业财富

在 2017 年的微信公开课上，张小龙带着小程序，一如既往地成为人们关注的焦点，成功刷爆了屏幕。小程序因其即用即走的轻便特性，无须安装就可实现部分 App 的功能。对用户来说，一个 App 所占的空间少则十几 MB，多则几百 MB，智能手机一般最多也只有几百 GB 的内存，于是小程序的优势便体现出来了，有网友调侃道："各互联网公司迫不及待地发布了小程序后，认为是时候提升一波数据了，结果回后台一看，自家的 App 被卸载了……"虽然这是一个调侃，但我们看到了小程序所带来的颠覆效果。腾讯的布局已经扩散到了教育、金融、游戏等各个领域。即便如此，公司仍然在进行创新式的研发，正是因为互联网基础设施平台的完善，支撑起一次又一次的颠覆式成果。

第四节 "最励志"合伙人

250 定律：每位顾客身后，大体有 250 名亲朋好友。

2014 年，阿里巴巴公布了合伙人名单，童文红正是名单中的一员。相比于其他人，她的经历更为传奇，她被人们称为阿里巴巴"最励志"的合伙人。

2000 年，童文红进入阿里巴巴，最早的工作是前台接待，不懂技术、没有背景的她靠着认真负责、积极主动的态度给同事们留下了深刻的印象，做了 1 年多前台后，领导找她谈话，问她愿不愿意做行政经理。在行政部的 6 年多里，童文红得到了几次升职，陆续担任客服、人力资源等部门的管理工作。直到 2015 年 3 月 30 日，阿里巴巴集团任命童文红为菜鸟网络总裁。这个从前台一路做到亿万富豪的童文红，向人们证明了坚持和努力的重要性。成功者，每天都带着正能量上路！不是井里没水，而是你挖得不够深；不是成功来得慢，而是你放弃得太快。所以成功不是靠奇迹，而是靠轨迹。

第五节 猪都能"飞"的时代

达维多定律：一个企业要想在市场上总是占据主导地位，就要做到第一个开发出新产品，又第一个淘汰自己的老产品。

大鹏一日乘风起，扶摇直上九万里。

当大势到来时，一定要站在大势的风口浪
尖，"风"来了猪都会"飞"！群体崛起就是
一波人的崛起，BAT 的成功让一波人崛起了。

看到这些，很多人可能会说："这是我没能赶上 BAT 时代，没能在
那个时候进入 BAT 工作，不然我现在也崛起了。"其实很多事情都是在发
生之后，我们才恍然大悟："原来是这样，结果原来这么简单。"可是这
简单的结果，在发生之前你却想不到。BAT 刚刚发展的时候，大家也没有
想到会取得这样的成果。

有人喜欢说：等你成功了，我就跟你干！你可知道，雪中送炭的时候
你在看；抱团取暖的时候你在躲；同舟共济的时候你不出力；锦上添花的
时候，我不缺人！可怜的人是：自己不敢尝试，还在嘲笑别人为梦想而奔
跑！人活着，最大的失败不是跌倒，而是从来不敢奔跑。

在互联网时代，财富离每个人的距离都是一样的。网红的横空出世，
IP 的闪亮登场，新物种的层出不穷，这些把我们的社会变得更加多样化，
每个人都能找到属于自己的特长，每个人都有表现自己、张扬个性的机会。

当我们的思维清晰了，只要稍加努力，拿出创新思维，拿出工匠精神，
做到"大医精诚"，财富，就在我们身边！

第四章

互联网世界

第一节　互联网成长记

　　摩尔定律：当价格不变时，集成电路上可容纳的元器件数目，每隔 18 ～ 24 个月便会增加 1 倍，性能也将提升 1 倍。

　　1952 年，美国军方交给麻省理工学院一项任务——研制全美半自动防空系统，要求实时监控美国领空，对飞行器做出威胁评估报告，并实时传送至控制中心。麻省理工接下了这个大活儿，或许当时的研制人员也没有想到，他们所研究的东西，会成为改变人们未来生活方式的起点。

　　1969 年，研究成果阿帕网第一期投入使用。有 4 个节点，分别是加利福尼亚大学洛杉矶分校、加利福尼亚大学圣巴巴拉分校、斯坦福大学及位于盐湖城的犹他州州立大学。1969 年 10 月 29 日晚上 10 点 30 分，克兰罗克在洛杉矶向在斯坦福的比尔·杜瓦传递信息。这是一个包含 5 个字母的单词 Login，意思是"登录"。然而在打入"Lo"后，系统死机了，仪表显示传输系统突然崩溃，通信无法继续进行。就这样，世界上第一次互联网络的信息发送仅仅传送了两个字母"Lo"。

　　1983 年，阿帕网被分成了两部分：一部分用于军事，另一部分则用于民用，并改名为"互联网"。至此，互联网从军事防御的萌芽到应用于民间，破壳而出。

1987 年 9 月 20 日，按照 TCP/IP，中国兵器工业计算机应用研究所成功发送了中国第一封电子邮件，这封邮件以英语和德语两种文字书写，内容是 "Across the Great Wall we can reach every corner in the world."（越过长城，走向世界），这标志着中国与国际计算机网络已经成功连接。

在社会的发展中，大多数人只能感受到身边的变化，不能抵达更远的地方，只有通过新闻和书籍去了解。但是互联网不一样，无论在哪里，每天打开网页，我们就可以感受到它的变化、它的成长，因为网络上的内容每天都在迭代，并且是我们可以不分距离就能够发现的。所以说，互联网的成长也是快速的。

通过淘宝网每年的变化，我们可以看到互联网的迅速发展，它比传统社会的发展更加快速。比尔·盖茨曾和通用汽车的老板对话："如果汽车工业能像计算机领域一样发展，那么今天买一辆汽车只需要 25 美元，1 升汽油可以跑 400 千米。"我们先不看这句话是否符合常理，但在 IT 行业却真实地体现了这个规律，那就是摩尔定律。

1965 年，英特尔公司创始人戈登·摩尔提出，在最多 10 年内，集成电路的集成度会每 2 年翻一番。后来，大家把这个周期缩短到 18 个月。每 18 个月，计算机等 IT 产品的性能会翻一番；或者说相同性能的计算机等 IT 产品，每 18 个月价格会降一半。这个发展速度令人难以置信，但几十年来 IT 行业的发展始终遵循着摩尔预测的速度。

IT 行业的飞速发展，也让互联网发生了翻天覆地的变化，它的成长速度也同样超出了人们的想象。根据统计，到 2016 年 6 月为止，在中国，互联网已经拥有了 7.1 亿名粉丝；在全球，更是达到 32 亿名之多。可以说，互联网是绝对的"名人"。但是，在互联网的成长道路上，有两个人对它的成长轨迹有着意义深远的影响，正是他们才使得互联网在后来的成长中备受人们的"爱戴"。

互联网最初用于民间的时候，提供的免费内容很少，内容特别杂乱，而且访问一些联网的数据库内容时，费用更是高得让人心疼——是按照搜索次数来收费的。那时中国的教授们在查询外国论文之前，都要先专门学习如何定位关键词和领域分类，以便用最短的联网时间和最少的搜索次数找到自己想要的内容。

而当时的美国在线网正在发展它的付费拨号用户，如果这种市场模式成功了，那互联网可能就不是我们今天所看到的互联网了。幸运的是，在这个时候，引导互联网走上"正道儿"的人出现了。

1994 年，斯坦福大学电机工程系的博士生杨致远和戴维·菲洛因为对互联网的狂热兴趣，和另一个同学一起搞起了雅虎（Yahoo！）。3 个人趁着教授休假 1 年的机会，偷偷放下手上的研究工作，开始为互联网开发一个分类整理和查询网站的软件，这就是后来雅虎（Yahoo！）的技术基础。这个软件被放在斯坦福大学的校园网上，并且供大家免费试用。互联网用户慢慢地发现，通过雅虎可以找到自己想要的网站和信息，于是在上网的时候，大家都会先去雅虎。就这样，门户网站的概念诞生了。

雅虎的搜索引擎和网站目录面向全世界开放，并且无条件地为全世界的网页建立索引。而此时的美国在线，却采用了电话公司注册索引词的方式来查询公司，当时美国的公司为了方便消费者记住自己的电话，通常会用公司的名称来注册电话号码，在这种情况下，如果一个公司想得到和自己公司名字相同的号码，就必须向电话公司购买。与这种模式相对比，雅虎定位的准确性和价值，使得雅虎的流量呈几级的速度增长。

从 1994 年到 2000 年，可以说是互联网成长中的重大转折点，随着雅虎的成功为全世界互联网公司树立了榜样，各类网站相继出现，从政府到公司，从学校到个人，大家都在建立自己的网页（这和我们现在的"大众创业，万众创新"颇有相同的意味，只不过当时是"大众创页，万众创网"），原本通过报纸、杂志传递的信息，通过网页就可以用更快的速度传播开来。互联网上的内容也越发丰富起来，整个互联网也真正进入了信息大爆炸的时代。作为引导互联网走上"正道儿"的雅虎，以及创建了它的杨致远和戴维·菲洛，在这次革命中功不可没。它定下了互联网行业的游戏规则——开放、免费和盈利，阻击了美国在线和其同类公司试图把互联网办成新的电话网的企图。

也正因如此，世人逐渐拉开了互联网时代的大幕，让更多的人进入如今这个信息大爆炸的时代。

第二节　升级迭代的互联网

安迪比尔定律：英特尔处理器的速度是每 18 个月翻一番，计算机内存和硬盘的容量以更快的速度增长。但是，微软的操作系统等应用软件的更新越来越慢，也越做越大。

历史的车轮滚滚前行，从曾经的马车轮到自行车轮，再到汽车轮、飞机轮、火箭。随着历史的前行，人类社会的发展也在进步。从古至今，人类社会经历了多次改朝换代，但终归还是在往好的方向演变。

同样的，互联网从诞生到现在，也可以说是在进行着"改朝换代"，每一代都有鲜明的特点，后一代又都比前一代更加多样化。从每一代的特点来看，我们可以将互联网划分为四个"朝代"。

一　传统互联网时代

传统互联网时代以单向的内容为主，大部分网站都是由静态页面构成的，网站上的内容只是单纯地发布到网络上，网民也仅仅是通过搜索，在网上找到自己想要的内容。一个单纯地发，一个单纯地看，两者之间并没有过多的联系。这个时代的互联网就像一个巨大的开放式图书馆，供大家免费借阅书籍。说是互联网，但并没有真正地将网民和网民、网民和网站相互连接起来，所以只能算一个传统的互联网。

传统互联网时代

　　虽然传统互联网时代看起来很单一，但这是以当下的眼光来看过去，自然会很挑剔，对于互联网刚刚兴起的那个年代，大家突然从井底跳到了井边，看到了比之前不知庞大了多少倍的世界，即便只是单纯地看到而不能与这个世界沟通，也足以让大家激动到跳起来。因为在当时，这就是新鲜事物，有了新鲜事物，就会引起大家的兴趣，从而更深入地接触、研究，让这个刚刚起步的时代出现繁荣的景象。在这样的探索下，就会迎来一个全新变革的点，进入下一个互联网时代。

二　Web 2.0 时代

　　从井底跳到井边后，经过了激动心情的平复，人们开始了与世界的沟通、与其他人的沟通。于是，Web 2.0 时代到来了。

Web 2.0 时代

我们先来看看百度百科上的专业解释。

Web 2.0 指的是一个利用 Web 平台，由用户主导而生成的内容互联网产品模式，为了区别传统由网站雇员主导生成的内容而定义为第二代互联网，即 Web 2.0，这是一个新的时代。

Web 2.0 更注重用户的交互作用，用户既是网站内容的浏览者，也是网站内容的制造者。所谓网站内容的制造者，是说互联网上的每个用户不再仅仅是互联网的读者，同时也成为互联网的作者；不再仅仅在互联网上"冲浪"，同时也成为波浪制造者；在模式上由单纯的"读"向"写"和"共同建设"发展；由被动地接收互联网信息向主动创造互联网信息发展，从而使互联网更加人性化。

看着百度百科又专业又长的介绍，我们需要思考几秒钟，才能够透彻地参悟其中的内容。其实对于 Web 2.0 时代的互联网而言，简单概括一下，就是"互动"。

在这个时代，互联网才可以真正地被称为"互联网"。它开始在上一代的点中连接，正迅速地编织一张大网，把网民和网民、网民和网站相互连接起来。在这个时代，不再是单方面的传播、被动接受，而是让互联网成为循环体，形成了互动的模式。

三　移动互联网时代

当从井底跳到井边，再与世界沟通之后，大家不甘心一直待在井边了，想离开井边，在任何地方都可以沟通。于是，新的变革又开始了，移动互联网时代出现了。

移动互联网时代

这个时代与之前两个时代最大的区别就是手机端的出现。手机端真正实现了走到哪里，就在哪里上网，不会被束缚在一个地方。如果把互联网的发展阶段比喻成改朝换代，那么传统互联网时代就可以说是古代社会，Web 2.0 时代就是近代社会，而移动互联网时代，就是现代社会。

这个时期的变化是质的变化，不再是 PC 化，而是以移动化、云端、基于位置的服务（Location Based Services，LBS）等作为标志性特点。不仅仅限于应用的层面，个人可能不是因为要找资料而上网，只是因为要兑换一个奖品而上网。企业可能不是因为要发布招聘信息而上网，只是因为要做线下的某个销售活动而上网。人们在网上购物时，买的可能不仅仅是其需要的，或许因为场景体验很好，所以就购买了。

移动互联网的丰富多样性，已经成为人们生活的一部分，从这个时代开始，它已经"深得民心"。

四 "互联网 +"的到来

从井底跳到井边，再到可以到处奔跑，人们已经挣脱了束缚，走了很远。但是人类总是富有创造力和想象力的，要想走得更远，就不能只靠自己，而需要工具。于是，"互联网 +"时代到来了。

"互联网 +"可以说是我们现在正经历的，也可以说是我们对未来互联网发展的展望，因为在这个新的时代我们才刚刚起步，这是互联网发展的新纪元。

在"互联网 +"时代，不再只是单一地考虑互联网，更是把其他各行各业都拉进了这个时代，这是一个多元化的互联网时代。跨界、融合、连接一切，是互联网发展新纪元——"互联网 +"的特性。互联网的特质是连接，"互联网 +"的特质是智能连接；互联网通过计算机实现了人与人的连接、人与信息的连接，"互联网 +"是通过融合云计算、大数据、物联网等，实现人与人、人与信息、人与物、人与场景、人与未来的连接。

自从李克强总理在政府工作报告中首次提出"互联网 +"行动计划以来，"互联网 +"已受到社会各界的广泛关注，正持续成为市场的风口、舆论的焦点。我们深刻地意识到，在互联网与传统行业的交融中，新时代的巨浪正滚滚而来，用新一代信息技术改造传统产业。一个更加激动人心的时代，到来了！

第三节 连接一切的存在

反摩尔定律：如果一家 IT 公司今天和 18 个月前卖掉同样多的、同样的产品，它的营业额就要降一半。

20 年前，加班结束后，你站在漫天飘雪的路边，不停地向偶尔经过的出租车招手。那种迫切想回家的心情，在无声地告诉你一个残酷的事实：打车好难呀！

今天，加班结束后，你坐在办公室里拿起手机，打开叫车软件预定车辆，操作完成后冲一杯咖啡，静等你的专属座驾。当年那漫天飞雪、寒风凛冽的夜晚，已经成为过去时，这个变化也在无声地告诉你一个美好的事实：打车变得容易了。

司机将于
10分钟后
到达。

　　20 年前，一个慵懒的周末，你一觉睡到了午时，睁开眼后，静静地躺在柔软的床上，听着窗外这个城市的呼吸声，感受着阳光透过窗户洒在身上的温暖，整个身心在这一刻放空，你只想就这样在这惬意的画面里愉快地度过这个周末。"咕……"这破坏画面感的声音是怎么回事？这才想起来，原来还没有吃东西，正所谓："人是铁，饭是钢，一顿不吃饿得慌。"但是，真的不想自己做饭，真的懒得动身去外面买，吃个饭好难呀！

　　今天，同样在一个慵懒的周末，你美美地睡到自然醒，躺在床上，享受着太阳光，再来一首醒神小音乐，20 年前那熟悉的"咕咕"声又很有节奏地开始了，但是今时不同往日，现在你可以继续任性地来一个"葛优躺"，只需拿起随时都会放在身边的手机，打开外卖软件，选出自己想吃的东西然后下单，做完这些，你就静等自己的"骑士"把美食送到你手上吧！对于像你这样的"懒人"来说，可以感动到泪流满面："吃个饭太容易了！"

　　20 年前，世界上最远的距离，就是我在天涯你在海角。我们认识的只是身边的人，或许还会认识我们身边人的身边人，但认识的人基本脱离不了自己的生活范围。要想在以亿为单位的人群中找到志同道合、共创大业的人，虽然不能说一定办不到，但可以肯定的是，找个人好难呀！

今天，世界上最远的距离，不再是天涯海角，而是你拿着手机却没有网络。我们的交际圈也不再仅限于身边的人，各种社交软件的出现，让我们可以认识到各个地方的人，各种投资、众筹、人脉的软件，让曾经在各个角落拥有同样抱负的人，看到了彼此的意志，发现了自己并不是一个人在战斗，于是志同道合的人走到了一起，成为伙伴，为了同样的目标，这些相见恨晚、惺惺相惜的人，在短时间内就能够产生难以斩断的羁绊。你忽然发现，找个人容易了。

"互联网＋"的出现，让整个社会展现了全新的面貌。它改变了人们的生活方式、工作方式，把曾经各自为战的断点连接了起来。一个新的社会形态正在被"互联网＋"连接，社会的发展将被带向新的高度。

在交通领域，过去没有移动互联网，传统的交通出行只能算"自给自足"，相互之间没有任何联系。有了移动互联网以后，通过移动互联网和传统的交通出行相结合，改善了人们出行的方式，打破了"自给自足"的形式，推动了互联网共享经济的发展，提高了出行效率，减少了碳排放，对环境保护也做出了贡献，人与人、人与车也被无形地连接在了一起。

在通信领域，"互联网＋"通信让人们的交流更加便捷，然而传统运营商在面对微信、QQ等这类App时，却陷入了困境，因为通话和短信收入大幅下滑。不过从这一现象中可以看出，"互联网＋"通信的模式正在促进互联网的发展，来自数据流量业务的收入已经大大超过通话和短信收入。

在金融领域，随着互联网的发展，也同样出现了新的形态——互联网金融，个人和企业的支付方式出现了革命性的变化，支付宝、微信支付等以高效、便捷的"优秀品质"颠覆了传统的支付方式。从过去的只能当面交易到现在坐在家里就可以购买商品，不带钱包轻触手机屏幕就能实现购物的移动支付受到越来越多人的青睐。互联网金融在带给人们前所未有的高效、便捷服务的同时，引爆了支付领域的大变革。

我们发现互联网几乎可以和一切事物产生"＋"的效果，伴随着"互联网＋"的不断渗透，越来越多的行业会相互连接，我们曾经想象不到的模式都会慢慢浮现出来，在这个拥有无数个"互联网＋X"的组合模式中，我们的互联网世界观或许会彻底被颠覆，因为它是连接一切的存在。

"互联网＋"虽然还在探索阶段，但是在这百"＋"齐放的时代，互联网金融模式和新的商业模式通过创新式的变革脱颖而出，为"互联网＋"后续的发展提供了强大的技术支持和互联网思维的引导，相信在未来的连接中，"互联网＋"将无处不在。

第四节　互联网金融

70-20-10 定律：一般来说，在信息科技的某个领域，存在一个占据着百分之六七十市场的老大，还有一个有着稳定的百分之二三十的市场的老二，剩下一群小商家占据百分之十或更少的市场。

互联网已经连接了人们的生活，成为人们工作、娱乐中不可或缺的内容，而金融更是和人们的生活息息相关，在生活中同样不可或缺，当我们把这两个重要的词放在一起时，"互联网金融"就成了异常火爆的词语，作为一个新生的概念，我们对它或许没有清晰的认知，感觉不到这个新词语离我们的生活有多远，但是当我们了解了这个事物"真面目"的时候，可能就会发现，原来它就在身边。

一　沉甸甸的信任——第三方支付

在常州市戚墅堰区花苑社区，有一位深受居民信任的人，她长年揣着30多把钥匙，20多户邻居托她当"管家"，她就是"钥匙阿姨"徐琴秀。

花苑社区是个老小区，住户有三分之一是老年人，不少还是独居老人，子女不在身边，有个头疼脑热、磕磕碰碰的，就特别需要有人上门来照看。徐琴秀在社区住了几十年，对这里的老人，她大多很熟络。她还做了18年义务巡逻员，经常走家串巷，提醒老人们家里别放现金和贵重物品，存折和身份证要分开放，晚上睡觉门窗一定要关好。看到一些老人行动不便，她便把自家的电话号码写在小纸片上，关照他们压在电话机下面，有事给她打电话。

时间久了，大家都相信徐阿姨，陆续把自己家的钥匙交给她来保管，这些钥匙，既是信任，也是责任，在她手里发挥着重要作用。

这是一个真实的事迹，同样也是支付宝的宣传片。一把钥匙开一扇门，而对"钥匙阿姨"来说，这30多把钥匙承载的是邻里间沉甸甸的信任，邻里间无论大小事，只要需要帮忙，"钥匙阿姨"就会出现。这样一个社会中的生活缩影，反映了将托付化为责任与承诺的主题，"钥匙阿姨"作为宣传片的主角，成为支付宝所倡导的"知托付"品牌精神的代表，在片尾出现的"承载6亿用户信任的第三方支付平台"，也透露了支付宝和"钥匙阿姨"同样的态度。对支付宝这个拥有6亿名注册用户的第三方支付平台来说，这把"钥匙"更加有分量。

作为互联网金融的排头兵，第三方支付在2003年"非典"时期中崛起，发展到今天，第三方支付在零售支付方面已经超越了很多传统银行，并且以第三方支付为核心发展起来的互联网金融，在创新模式上也呈现出了其特色。

2016年中国第三方支付交易规模达到57万亿元，其中移动支付规模高达38万亿元，各大商家、餐馆，甚至路边摊都可以进行第三方支付，人们出行只需带手机就可以完成一天的购买行为。随着对27家第三方支付机构的续牌，并且短期内将不再批设新的机构，越来越多的企业看到了第三方支付业务潜在的价值。而经过央行的把关审核，第三方支付将更安全地贴近人们的生活。

互联网金融的出现，意味着金融将回归交易和生活的本质，并通过互联网思维与技术的提升，让它更加开放，更加灵活，更加透明。

除了第三方支付外，P2P小额信贷、众筹和大数据金融，也都是通过"互联网＋金融"创新出来的产物。它们都带着各自的"本领"，走进了这个正在处于变革中的时代。

二　理财新方式——P2P 小额信贷

1976 年，孟加拉国的穆罕默德·尤努斯在大学附近的村庄进行调查，他发现有 42 名妇女靠借高利贷维持生活，并受到债主的剥削，然而这 42 名妇女借贷的总金额只有 27 美元。由此他发现，只要能够提供一小笔贷款，就可以让贫困的人们从高利贷的剥削中解脱出来，并且过上没有束缚的生活，甚至改变自己的命运。于是他把 27 美元借给了这 42 名妇女，让她们用来支付制作竹凳的成本，免受高利贷的剥削。当时，妇女们拿到贷款后，对尤努斯感激不已。而这一历史性的时刻，也成为日后 P2P 小额信贷的起源。

1979 年，尤努斯在国有商业银行体系内部创立了格莱珉分行，开始为孟加拉国的贫困人民提供小额贷款业务。

1983 年 10 月 2 日，格莱珉银行正式独立，它向贫困人民发放贷款的模式自成一体，被称为"格莱珉模式"。由此，P2P 的模式向世人正式亮相。

在今天的互联网金融领域，P2P 这个词很热，在信息传递如此快速的社会中，P2P 被更多的百姓所闻所见，走进了普通百姓的生活。通过互联网，P2P 把有借贷需求的一方和有理财需求的一方，完美地连接到了一起。

相对于股市的瞬息万变让人提心吊胆，P2P 却通过另一种模式和渠道形成了一个方便、透明、稳定的投资理财方式。随着科技的不断发展，人们的生活水平也在不断提高，通过互联网能够享受到越来越多的服务，人们也逐渐习惯了利用互联网来解决一些日常生活的需要，从以前的网上购物、网上交话费、网上交水电费等，到现在的通过 P2P 进行理财或借贷，从而实现了另一种意义上的资源共享。

从前人们使用储蓄罐来存钱，后来人们通过银行来存钱，现在人们通过 P2P 等各种互联网金融方式进行理财来替代存钱。互联网正在用更加多样化的方式连接到百姓的日常生活中，P2P 的出现也正在改变人们的理财方式。

三 团结的力量——众筹

2015 年 7 月 10 日，号称国漫崛起之作的《西游记之大圣归来》上映，在之后的 20 天内斩获 7.3 亿元票房，成为内地电影史上票房最高的动画电影。然而，很多人不知道的是电影片尾中滚动的 109 位投资者都是孩子，这令互联网金融中"众筹"这一投融资模式再次引发了人们的关注。参与《西游记之大圣归来》众筹的共有 89 个家庭，总计投入 780 万元，作为给孩子未来的礼物，众筹出品人的名字均为孩子的姓名。《西游记之大圣归来》连接了 109 个孩子，让他们拥有了"众筹出品人"这个共同的名字。

《西游记之大圣归来》的众筹是成功的，在其成功的背后是情怀。它勾起了大人的回忆，填充了孩子的希望，不分年龄地把每个人都拉进来，让每个人都能够感受到属于自己的那份情怀。而众筹成为《西游记之大圣归来》用来搭起情怀的桥梁。

2015 年 5 月 29 日，某项目宣布在筹道股权平台上发起股权众筹，总筹资金额为 3250 万元。而结果却大大出乎了人们的意料，该项目上线不到 1 小时，浏览量即突破 10 万次，2 小时内认购意向总额突破 5 亿元。在这之后数字一路攀升，截至 6 月 2 日上午 10 点正式认购之前，该项目浏览量已突破 300 万次，共收到 5519 份预约认购，认购意向金额达到 71.747 亿元，超过原本筹资金额 220 倍。

本次众筹吸引到如此之多的投资人和民间资本，超乎了所有人的想象，也标志着股权众筹在中国投融资领域成为主流。股权众筹成为民间资本除股市、基金、理财之外又一个有效投资的重要渠道，也证明了民间资本的力量是不可低估的，只要拥有好的项目，资金是永远不会缺少的。

2013 年，《罗辑思维》发布了两次"史上最无理"的会员付费制（不会保证会员的任何权益）：普通会员，会费 200 元；铁杆会员，会费 1200 元。最终筹集了近千万元的会费。爱就供养，不爱就观望，大家愿意众筹支持一个自己喜欢的自媒体节目。这似乎也证明了众筹模式在内容生产和社群运营方面的潜力。

众筹已经走进人们的生活，人们有了更多的选择，可以通过资金支持自己喜欢的内容，也可以通过众人的帮助实现自己的梦想。

在国家提出"大众创业，万众创新"的口号后，一批批通过众筹模式融资成功的创新创业公司脱颖而出，覆盖了影视娱乐、健康医疗、电子商务、图书出版等多个领域，众筹网站也如雨后春笋般涌现出来。这种共享经济的众筹金融弥补了传统金融的短板，有效地连接了资金和实体经济，为"大众创业，万众创新"带来了福音，为新一代的"创客"们搭好了平台。

四　会说话的数字——大数据金融

笔者曾经看过一部电影《永无止境》，影片中的埃迪本来是一个胸怀大志、充满抱负的作家，但因遇到了创作方面的瓶颈感到非常痛苦。当他的一位老朋友向他介绍了一种极具革命意义、刚刚研制出来的全新药物 NZT 之后，埃迪发现他的生活被彻底改变了。在 NZT 的帮助下，他的全部潜能都被激发了出来，埃迪能够瞬间记住他所读过、看过或听过的任何事情，只用一天时间就能学会一门语言，多么复杂的方程式都难不倒他。随后他将这种高智商用在炒股上，在很短的时间内掌握无数公司的资料和背景，以及各种小道消息。在将所有的数据信息都进行了挖掘整理之后，埃迪用智慧"扫荡"了华尔街，在短时间内就赚得了数百万美元。

其实在这部影片中，就展现了大数据的厉害之处。在互联网技术飞速发展的今天，大数据的应用早已经展开，也并没有像一些人说得那么神秘和遥不可及。比如在互联网中，通过网站分析工具，就可以清晰地看到网站上每天有多少人访问，这些人都是通过什么路径访问的，在网站上停留了多长时间，看了些什么内容，最后又是从哪个页面离开的。

这些数据本身就是很有价值的，通过对数据的进一步挖掘，还可以发现更多的信息和机会。例如，通过用户填写的资料和浏览网站时所关注的内容，来判断这个用户可能感兴趣的理财产品，这样不但可以帮助产品的销售，还能够为产品的研发起到引导作用。

大数据除了可以用来挖掘各种商机外，还可以帮助征信来做风控。中国互联网用户有 7.1 亿名，大约一半的人在央行征信系统里没有信用记录，而伴随着日渐火热的 P2P 小额信贷，对征信的需求将更为迫切。由于数据没有统一的平台处理，监管和审核规则不明确，借款人的信息无法统计，造成了借款人负债时仍然可以继续借款的现象。为了避免借款方出现欺诈、不还款、P2P 跑路等行为，平台需要通过征信的方式来提前预判。

而在个人和企业金融服务方面，大数据的作用就很好地体现出来了，有了完善的个人征信体系，就会对互联网金融的发展打下坚实的基础，通过大数据就可以反映出个人的身份、职业、家庭状况等基本信息；还可以看出曾经的信贷关系及个人赊购、缴费信息和司法机关的个人公共记录，经过这样的审核后才可以确定是否可以进行金融服务，企业和百姓也能更加便捷、放心地享受互联网金融的服务。

正是因为互联网金融和百姓息息相关，走进了人们的生活，才会得到人们的认可；也正是因为这样，在这个"用户至上"的年代，新的商业模式应运而生。

第五节 新的时代，新的面貌

诺威格定律：一家公司市场占有率超过 50% 后，就无法再使市场占有率翻番了。

2016 年 9 月 16 日，iPhone 7、iPhone 7 Plus 正式发售，早上八点，在一处店面门口，上百名"果粉"冒雨前来，再次掀起了一年一度的排队购机热潮。

苹果的定位是顺应用户的生活方式，成为用户生活中的一部分，由此来提供产品的解决方案，让用户从此依赖这个产品。从每次发售的彻夜排队抢购情况来看，不得不承认它是一个成功的商业模式。

在这个新的时代，商业模式不再是机械的"一个买一个卖"，而是多样化的，只要你敢想，它就可以成为一种模式。

一　我们做朋友吧

2010 年 4 月 6 日，雷军和他的小伙伴们一起喝了小米粥。于是，一家叫"小米"的公司在银谷大厦悄然开张了。

2010 年 8 月，MIUI 第一个内测版本发布，当时的小米没有名气，也没有做任何推广，用户只有 100 位，但就是这 100 位用户成为小米最珍贵的"种子"，他们被小米称为"100 个梦想的赞助商"，他们的论坛 ID 被写进了 MIUI 第一个正式版的开机页面上，成为见证小米历史性时刻的一员，这 100 个名字也被印在小米微电影中那辆赛车的车身上，成为小米的经典之作。而小米的这 100 个原始种子，更是为小米后续每周的更新做出了口口相传的巨大贡献，让 MIUI 的用户成倍地增加，截至 2016 年 1 月，MIUI 用户已达到 1.7 亿位。

2011 年 8 月 16 日，雷军带着他的小米手机出现在北京的 798 艺术中心的舞台上。随着幻灯片的不断播放，一段段精简的文字和简约而不失大方的图片展现在了大家面前，配合着雷军公布的一组组技术参数，中国首款双核 1.5G 智能手机正式发布，台下的"米粉"们都在为之激动、欢呼。在当时来说，小米手机的配置相当"华丽"，价格相当"低调"，性价比相当高，而且对产品的定位是：年轻人的第一部智能手机。可以说小米的确是一款伟大的产品，而这一切只是雷军用自己的实际行动开始他日后传奇故事的第一步。

小米的相关成绩

　　小米的粉丝社群模式之所以成功，就是因为它让用户感受到了服务，小米的客服绝对不是摆设，小米产品下面的每条留言，都会有小米客服"脑洞大开"的回复，从这种每条留言都回复的服务态度上，可以看出小米对用户的尊重，而且每条留言都不是敷衍的一句"官方话术"，这更让我们看到了小米对用户服务的用心之处，这种服务让用户获得了良好的体验和存在感，甚至很多用户在留言后都很期待客服会如何来一句"神回复"。

例如：用户：一直以来都在用小米。听说客服不错！

客服：告诉我，这是听谁说的，我要告诉他，你说的确实是对的！感谢您对小米的支持。

用户：为了等这货，国庆节都废了，仓管多半是被惯坏了，想问下客服妹子是否可以用这件货抽仓管两下，直拍、横拍、反抽很擅长。机子用起来很顺手，它和我的本本很搭。客服，你倒是给我留个言，我好顺着信号去找仓管。

客服：不好好发货，多半是"作"的，"Duang Duang"打他一顿就好了。感谢您对小米的支持。

通过这些回复可以看出来，小米是在用心与用户交流。和苹果不同，小米的口号是："屌丝，我们做朋友吧！""屌丝"这个词，传遍了祖国的大江南北，很多人在开玩笑的时候，都喜欢自黑为"屌丝"，可以说，"屌丝"这个词融入了人们的生活中，而小米愿意和"屌丝"做朋友，融入"屌丝"的生活方式，让广大的"屌丝"们知道，原来我们是同类人，这样接地气的产品很容易被人接受。这种社群模式，是这个新时代中，新的面貌。

此外，MIUI 的每周更新都可以让小米的"发烧友"第一时间体验到新功能，甚至可以参与到程序的编写中，大大增加了用户的参与感和体验度，也验证了小米的品牌定位：为发烧而生。

小米的 MIUI 团队最初只有二十几个人，但让广大用户参与其中，就等于拥有了一个十多万人的开发团队。为了让用户深入地参与到产品的研发过程中，小米团队设计了"橙色星期五"的互联网开发模式，就是在每周五的下午，在确保基本功能稳定的基础上，小米的研发团队把一些构思比较好但在功能方面还不是很成熟的测试版放到论坛上，供用户们下载。很多发烧友当然喜欢刷机，体验新系统和新功能，随后，MIUI 团队就会在下周二让这些用户提交使用新系统后的体验报告，并且每期都会收到十多万名用户参与的体验报告。通过这些体验报告，就可以汇总出在这一期的更新中，用户喜欢哪些功能、感觉哪些功能不好、最期待哪些功能，根据这些反馈，对测试版进行完善，放到每 1 ～ 2 个月更新一次的稳定版中。

在"橙色星期五"每次发布的版本中，或许某个功能就是用户亲自设计的，或许某个漏洞就是用户发现的。这让每个参与其中的用户都非常激动。这种参与感，是这个新的时代中，新的面貌。

二 象限格局的模式

在过去的几年里，从英雄问世到诸侯并起，再到"三国鼎立"，"线上到线下"（Online to Offline，O2O）这个词已经红遍大江南北，O2O 企业也如雨后春笋般冒出，遍布各个地域。在这个过程中，O2O 到底为老百姓的生活创造了多少价值？渗透进多少中国人的生活？渗透的程度又如何？老百姓每天使用 O2O 服务的频次能达到多少呢？这又给创业者带来了什么？对这些问题，相信通过前面介绍的"互联网＋"，我们多少已经有了一些概念。但我们还是再来看一看 O2O 到底给我们带来了什么。

O2O 模式改变着老百姓的生活和工作，让生活便捷化，让工作多元化。它所带来的改变不仅仅是企业商业模式的转变，对个人来说，也同样是转变的机会。

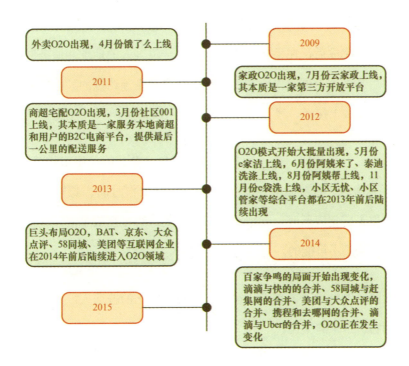

社会在进步，人们的安全意识也在提高，喝酒后无法开车，于是代驾这个职业就出现了。

客人通过手机上的代驾软件呼叫代驾司机，就会收到附近代驾司机的信息，每位司机的基本情况、以往客户评价等都会同时显示出来，客人可以根据这些信息，自主选择代驾司机。客人到了目的地后，可以与代驾司机直接结账，也可通过软件支付费用。不仅方便了客人，同时代驾司机也获得了收入，而且相比于在公司做专职司机，工作时间更加灵活。

另一个被 O2O 模式改变的行业也同样如此：美甲。

美甲师在河狸家平台上接单后，就拉着自己的美甲箱去为客户提供上门服务。完成后，在手机上继续查询下一位客人的地址和服务时间等信息，然后赶到下一位客人所在处，这些客户都是预约好的。美甲师的工作就是在这种线上接活、线下工作的状态中不断切换。

和自己开店相比，美甲师只要专心干自己熟悉的美甲工作就可以了，不用再为房租、货物保管等琐事操心。而且工作时间、长短都由自己决定，工作上感觉疲劳时，就把手机后台一关，给自己放个假，这在以前的实体美甲店是不可能的。

互联网的魅力，就在于让很多在城市里打工的普通人，也能在生活中感受到它所带来的变化。

时代趋势在变，职场格局也在变，优秀的企业越来越需要优秀的人才，而优秀的人才越来越不需要优秀的企业。以前人们只看职位的高低，但随着各领域的全面发展和 O2O 模式的出现，对一个人的衡量不仅仅局限于纵向指标，而是更加发散为横向指标，不再看某人是某大公司的员工，而是看某人是某领域的"达人"。随着趋势的变化，各路手艺人也在各行各业凸显，餐厅大厨、美发师、美甲师、清洁达人、外卖骑士……只要拥有手艺，都可以在这个 O2O 模式中找到自己的位置。

未来 O2O 将更多地把这些手艺人连接在一起，近几年我们已经看到了这种思想前卫、勇于冒险的企业家。河狸家、功夫熊、阿姨帮、饿了么，它们通过互联网让更多的手艺人发现了自己的价值，也让广大百姓享受到了便捷的服务。

2015 年，第一批手艺人走出了每天跳早操的美容美发店、满是油烟的集体厨房、每天朝九晚五打卡的办公室。他们每天的工作就是在家，或者找一处静谧的咖啡馆，安静地享受时光，等待合作的 O2O 软件平台分发过来的预约订单，然后就近选择一个需求方，上门为其烹饪一桌丰盛的晚餐，或者设计一款酷酷的发型。所有的收入会通过软件平台每月打入手艺人的账户中，手艺人可以拿到 100% 的收入，O2O 平台或者会收取少量的服务费，但分成的比例绝对会让手艺人满意。

O2O 让每个人都可以成为自由工作者。

出行有美女助手提包？专车司机开门？使用高级会议室？如果你认为这些服务不属于你，那你就错了。不要怀疑，这些服务就在你身边。对普通百姓来说，O2O 让每个人都实现了老板梦。

O2O 连接了众多的资源，极大地提高了连接的效率，让一切需求和解决方案都有了最优的选择。每个人都可以以最低的成本享受到最优的解决方案，而且加入 O2O 云端平台的资源和需求越多，分发的效率提升得越快。

O2O 让每个人都可以享受 VIP 服务。

短短几年时间，从最开始出现的一些"星火"，到燎遍整个神州大地，O2O 模式烧出了一片新气象。无论 O2O 大战结果如何，它都让市场的领域更加细分；无论 O2O 是否像很多人说的一样已经进入了饱和状态，但是又有哪个领域是完全不饱和的呢？世上本没有路，走的人多了，路才会出现。更多的关于生活所需，我们都可以找到对应的 O2O 平台来解决。如果我们充分挖掘 O2O，或许 O2O 创业真能走出一条不同的道路。从 1 到 100，是一个艰难的过程，而从 0 到 1，更是一个需要勇气的过程，且艰难指数要远超前者。但在这个"大众创业，万众创新"的众创时代，相信会有很多人迈出这一步，与 O2O 擦出激情的火花，走上他们的梦想之路。

O2O 模式连接了企业与个人、个人与个人，让每个人都参与到了这场大变革中，因为无论是相关从业者，还是广大群众，这种变革就在我们身边。这种象限格局的模式，是这个新的时代中，新的面貌。

三　未知的对手

一百多年前，美国人乔治·伊士曼打算让每个人都能轻松留下自己的影像。为此，他创办了后来影响了全世界的柯达公司。

1883 年，伊士曼发明了胶卷，这一发明的出现，为之后摄影行业的革命性道路铺上了第一块砖。为了让照相变得更容易，伊士曼还打算研制一个看起来像方方正正的小箱子的相机，里面装载着 100 张胶片，人们只要用完后把胶片送回伊士曼公司冲洗就行了。5 年后，伊士曼研制的这部照相机出现在世人面前，正式开启了大众摄影的新时代。伊士曼发明的相机走进了千家万户，因为它价格低廉，无须手动测距对光，轻便易携，可以随手放进口袋里，被人们称作"傻瓜相机"。柯达胶卷也出现在 20 世纪路边随处可见的胶片冲印店里。1981 年，柯达公司的销售额一举冲破 100 亿美元，风头一时无二，成为了业界无可匹敌的翘楚。在那个胶卷时代，柯达垄断了美国 90% 的胶卷市场以及 85% 的相机市场份额，在一定程度上甚至成为摄影的代名词。

当年那句著名的口号"你只需按动快门，剩下的交给我们来做"，以及那卷放在黄色长方形盒子里的胶卷承载了几代人的记忆，甚至还出现了"柯达一刻"这个词，专门指代生命中美好的瞬间。

然而，20 世纪 90 年代，数码相机开始走进千家万户，并在随后的短短数年时间里，迅速侵占了传统胶卷相机的绝大部分市场。与此同时，移动存储设备的不断扩容和电子相册等新介质的出现，也使得照片不再局限于相纸之中，而各种社交网络的兴起则让照片的分享和传播变得越来越简单、快捷。这一切，都给传统的摄影产品制造商造成了巨大的冲击，而作为这一行业的领头羊，柯达首当其冲。

进入 21 世纪后，由于胶卷销售的日益萎缩，柯达传统影像部门的销售利润 3 年之内缩水了 71%，柯达在全球的市场份额不断萎缩。从 2005 年开始，柯达几乎年年亏损，只有 2007 年实现了盈利。时至今日，柯达公司的全球员工人数已经从鼎盛时期的 14.5 万名降至大约 1.7 万名，而市值也从 15 年前的 310 亿美元锐减至不足 1.5 亿美元。

随着历史车轮的滚滚前行，这个延续了百余年神话传奇的柯达，已经步入了老年，终究留不住它曾经的辉煌。这一消息，让人们忍不住唏嘘不已，毕竟无数家庭的团聚，无数前人的面容，无数少女的倩影，无数孩子的成长，都曾经与柯达紧密地联系在一起。著名导演冯小刚也曾在微博上感叹："一个时代翻篇了，挥之不去的是胶片留在心里的味道。"

柯达与富士，黄色与绿色，胶卷时代的一对老对手，竞争了这么多年，最后柯达的失败不是因为同行的竞争，而是因为手机的出现，让它万万没有想到的是，每部手机都能成为照相机。

马云曾在乌镇互联网大会上说："这是一个摧毁你，却与你无关的时代；这是一个跨界打劫你，你却无力反击的时代；这是一个你醒来太慢，干脆就不用醒来的时代；这是一个不是对手比你强，而是你根本连对手是谁都不知道的时代。在这个大跨界的时代，告诫你唯有不断学习，才能立于不败之地！今天你还很贫穷，是因为你怀疑一切；如果你什么都不敢尝试，你将永远一事无成。抢钱的时代，哪有工夫跟那些思想还在原始社会的人磨叽。只要是思想不对的人直接下一个。看不到商机的人也直接下一个。我们要找到的是合适的人，而不是把谁改变成合适的人。我们也基本改变不了谁，鸡叫了天会亮，鸡不叫天还是会亮的，天亮不亮鸡说了不算。关键是天亮了，谁醒了！"

从柯达的"伤口"上，我们看到了跨界的力量，而且这个力量还在不断地增强，通过"互联网＋"的扩张，最终，跨界将打破壁垒。做电子商务的阿里巴巴做起了金融和保险，做视频网站的乐视卖起了电视和手机，而做手机的小米也卖起了电视和各种多元化产品。那些看起来彼此如平行线般前行的行业，突然间就变成了相交线，昨日的对手，或许会成为今日的盟友；昨日的伙伴，或许就会是今日的对手。在社会的发展下，无边界的力量正在无孔不入。

随着跨界模式的出现，不仅仅是企业，就连综艺节目都已经开始跨界。2016 年 9 月 3 日，演员秦岚与周杰、歌手费玉清、乒乓球世界冠军邓亚萍、主持人乐嘉同时登上了电视荧幕，但是这次他们不是以各自的行业身份出现的，因为这一次，他们的身份是小品演员。《跨界喜剧王》的开播，聚集了商界、文化界、体育界、音乐界、演艺界等各领域的代表人物，给观众带来欢乐的同时，也让大家看到了各领域代表人物的另一面，这种新的综艺模式通过跨界打破了传统模式的束缚，歌手不再只是唱歌，演员也不再只是演戏，乒乓球运动员也同样可以演小品，这种跨界类的综艺节目所带来的新鲜感，让人们眼前一亮的同时，也获得了大家的认可。

《跨界喜剧王》《跨界歌王》等综艺节目的开播，让跨界更加接近老百姓的生活。跨界离我们并不是遥不可及的，它就在我们身边。这种跨界的模式，是这个新的时代中，新的面貌。

四 私人订制

在 2013 年上映的电影《私人订制》中，愿望规划师杨重、情境设计师小白、梦境重建师小璐与心灵麻醉师马青，四个人组成的团队"私人订制"，以"替他人圆梦"为业务，专门为不同的客户量身订制"圆梦方案"，无论客户的"白日梦"多奇葩，要求多严格，"圆梦四人组"统统来者不拒，甘愿满足客户的任何需求，帮助他们"实现梦想"。一时间，许多怀揣着"奇葩梦"的客户纷纷找上门，私人订制公司也接连面临各种挑战，"圆梦四人组"绞尽脑汁为每位客户私人订制圆梦方案，过程中发生了许许多多令人捧腹的荒诞事儿，每位客户最后也都"梦想成真"。

在过去，商家都是按照自己的设计大批量地生产商品，然后把商品卖给消费者，虽然看起来消费者有很多样式上的选择，但这都是商家按照自己的思想设计出来的产品，消费者只能算被动购物。而随着社会的发展，人们的生活水平也在提高，"消费升级"的现象已经出现，消费者不再只关注"性价比"，个性化、优质化的服务和商品，将是"消费升级"后消费者的消费新模式。

这就是客对商（Consumer to Business，C2B）模式。

马云曾在汉诺威 IT 博览会的演讲上说："未来的世界，我们将不再由石油驱动，而是由数据驱动；生意将是 C2B 而不是 B2C，用户改变企业，而不是企业向用户出售——因为我们将有大量的数据；制造商必须个性化，否则它们将非常困难。"

可见这种 C2B 的模式，是这个新的时代中，新的面貌。

五　会说话的品牌

"主人，快点我！快点我！你想吃的，松鼠家都有哦！""主人，待我强大给你天下!""不是吧你,现在才来关注小松鼠!""主人,我是鼠小袋,吃的时候记得把果壳放进袋子里面哦!"这些俏皮的话都来自一个食品品牌——三只松鼠。

打开包装盒后,看着里面一句句人性化的问候和包装上萌萌的卡通图案,整个心都感觉暖暖的。再看到里面商家还贴心地附赠了开箱器、封口夹、果壳袋、湿纸巾、钥匙扣、卡套等辅助品后,即使还没有吃到东西,就已经感觉到亲切满满了。

三只松鼠的各种包装图案

三只松鼠于 2012 年 6 月在天猫上线,在"双十一"创造了日销售额 766 万元的奇迹。2013 年 1 月单月销售额超过 2200 万元。2014 年"双十一"创下 1.02 亿元的销售额。2015 年"双十一"创造了 2.66 亿元销售纪录,一年交易额 25 亿元。

随着人们整体素质的提高,在消费者接受服务时,"谢谢"这个词已经被更多的人说出口，提供服务的人也早已习惯了这种用语。可是当你接受服务的时候，在说"谢谢"的同时加上"您"，这句"谢谢您"的意义就要远大于"谢谢"了，因为它更加精准地指出了提供服务的人，而不是泛指。

同样，随着信息群发功能的出现，在节假日的时候，大多人都是编辑好祝福的话语后直接来一个群发，这样既省时又省力，祝福还送到了，真乃一箭三雕。但是没有特指的姓名或称呼，所有亲朋好友收到的祝福内容都是一样的，在笔者看来这样的内容还不如不发。

三只松鼠的成功就是让品牌人格化，把用户的体验做到了极致。在这个"亲"字已经被淘宝用"滥"了的时候，大家已经不觉得它多么新鲜了，它其实已经和"谢谢"、短信群发画上了等号，甚至大家在看到"亲"字的时候，就有种在QQ聊天中看到"呵呵"这两个字的感觉。不同于淘宝上的其他品牌，三只松鼠使用"主人"一词，让消费者眼前一亮的同时，更让大家摆脱了"亲"的束缚，而且随后各种贴心的话语，更让消费者感觉到：这就是对我一个人说的话。

过去的品牌是以造物者的姿态出现在世人面前与人沟通的，现在的品牌是以人的姿态出现在世人面前与人沟通的。品牌的人格化，让品牌以一对一的传播方式走进更多人的心中。这种人格化的模式，是这个新的时代中，新的面貌。

各种商业模式的出现，让人们的生活更加丰富，但同时也让人们更容易浮躁。在这个新的时代，生活和工作都被互联网元素围绕的人们，也应该拥有自己新的面貌，成为一个真正的互联网人。

第六节　真正的互联网人

　　蝴蝶效应：一个动力系统中，初始条件下微小的变化能带动整个系统长期的、巨大的连锁反应。

　　她于 1998 年出生，16 岁辍学创业，做"95 后"垂直电商。2016 年 1 月 14 日，她参加《我是独角兽》创业真人秀节目，赢得了在场所有投资人的肯定，拿到 1500 万元 A 轮融资。2016 年 3 月 24 日下午，广东省委副书记、深圳市委书记马兴瑞，与全国政协副主席、科技部部长万钢一行，莅临深圳创新谷，调研"大众创业，万众创新"工作落实情况，作为在创新谷成功孵化并完成 A 轮融资的创业者代表，她向各位领导介绍了自己公司的发展情况，并获得了领导的勉励：自古英雄出少年，但不要忘记多读书，努力吸取各方面知识。

　　这一切荣誉的光环都围绕在创办了神奇百货，被称为"神奇少女"的 95 后女孩王凯歆身边。然而，获得这些荣誉 100 多天后，媒体上再次报道的内容却不再是光环加身，各种负面新闻和最后的黯然收尾，最终让这个神话彻底破灭。

　　对于媒体的报道和事情本身，我们不做任何评论。但是通过这样的一个缩影，我们可以看到，这个时代的问题：融资疯狂，创业疯狂，甚至工作也很疯狂，这一切难道是哪里出了问题吗？或许这一切并不是谁的错，每个人都在用自己的方式，在这个互联网圈子里努力前行。不过问题是，很多人都会潜意识地认为，自己已经在这张"大网"里了，那么自己就已经是一位"酷酷的"互联网人了，但事实真是这样吗？

现在的互联网行业太火了，做什么事情如果不带上"互联网"这几个字，都不好意思和人开口，正是这种风气，造就了很多"伪互联网人"，也正是这个火得"不要不要"的行业，催生了很多泡沫式的高收入人群和那些让人不可思议的年轻 CEO 们。

最近几年，我们经常会看到"在几分钟内敲定千万投资"、"22 岁，天使轮估值过 6 亿，将颠覆整个视频和广告行业"、"90 后休学 CEO：刷'柜子'取早餐天使投了 2000 万"、"90 后美女 CEO 进军旅游业，薛蛮子 15 分钟定投"等类似的标题，难道找投资真的那么容易？难道年纪轻轻就真的拥有很强的能力？

曾经那个以工龄和手艺来看人的年代正在慢慢被世人遗忘，一份工作一干就是一辈子的情况也越来越少。当今这个浮躁的社会，让很多仅有一点工作经验的年轻人就拥有了与实际能力不符的高工资，这种虚高的工资，让很多年轻人感觉凭借自己的能力，永远都会有"钱景"更好的公司和"钱景"更高的岗位等着自己。这样的心态使得很少有人可以在一家公司工作很多年，也让很多人过分自信。

巴菲特每年都会和大学生进行座谈，在一次交流会上，有学生问他：

"您认为一个人最重要的品质是什么？"巴菲特没有正面回答这个问题，而是讲了一个小游戏，名为：买进你同学的10%。

巴菲特说："现在给你们一个买进你某个同学10%股份的权利，一直到他的生命结束。你愿意买进哪个同学余生的10%？你会选那个最聪明的吗？不一定。你会选那个精力最充沛的吗？不一定。你会选那个官二代或者富二代吗？也不一定。当你经过仔细思考之后，你可能会选择那个你最有认同感的人，那个最踏实稳重的人，那个愿意与合作伙伴分享胜利成果的人，那个人慷慨、诚实，即使是他自己提出的意见，也会把功劳分享给他人。然后你把这些好品质写在一张纸的左栏。现在再给你一个机会，让你卖出某个同学的10%，你会选择谁？你会选那个穷二代吗？不一定。你会选那个成绩最差的人吗？不一定。你会选那个技术最差的吗？也不一定。当你经过仔细思考之后，你可能会选择那个最令人讨厌的人，不光是你讨厌这个人，其他人也讨厌这个人，大家都不愿意和这个人打交道。因为这个人不诚实，不愿意和伙伴分享，喜欢耍小聪明，喜欢在背后说人坏话，喜欢算计自己的得失等等。然后你把这些坏品质写在这张纸的右栏。当你仔细观察这张纸的两栏，你会发现能力强不强并不重要，富二代还是穷二代无所谓，成绩好不好根本没人在乎。大家最看重的是这个人——靠不靠谱。"

总结

互联网带来的疯狂，让很多追逐梦想的人迷失了自我。真正的互联网人，懂得协作和靠谱才是最重要的品质。

第七节　北上广深和二三线城市对年轻人意味着什么

工作内的 8 小时，决定了你的专业知识、赚钱吃饭的能力，以及支撑你成为一个社会人的支点；而工作外的 8 小时，决定了你究竟会成为一个什么样的人。

在全球经济大变革、新旧动能切换的大时代，尤其在这个互联网开启的众创新经济时代，北京、上海、广州、深圳（以下简称北上广深）的经济发展一日千里，现在很多北京居民"超现代"的一天生活是这样的：早晨起来骑上摩拜单车或 ofo 共享单车到地铁站坐地铁，或者用滴滴拼车到公司，在公司楼下餐厅吃顿早餐，中午用美团或饿了么叫个外卖，下午用猫眼电影买张电影票，晚上去电影院看场电影，或者下午在网上找个健身教练，下了班去锻炼一下。回到家里用 58 同城或阿姨帮叫个阿姨打扫一下卫生。周末在 e 袋洗上叫个师傅上门把积攒了一周的脏衣服取走洗了。如果想打扮一下还可以在河狸家上叫一个美甲师上门服务。冬天到了，可以去滑雪，如果不会滑，还可以找个教练。

但是在二三线城市或农村老家，甚至就连美国都不能享受到这种服务，因为在移动互联网时代，只有在北上广深这种拥有上千万人口的城市才有这种服务，因为只有在城市人口聚集之后才会出现专业协作和分工，也正因为人才聚集，才会让更多的人创造出新的业态，如美甲师、拼车族、健身教练。这也是为什么只有在北上广深这样的城市有些商业模式才可行，到了二三线城市甚至更小的城市就行不通了，因为很多时候人口密度决定了服务模式和服务频次。

就像文明程度伴随着城镇化的出现而加速一样，更多的创新出现在城市中，只要人才聚集甚至只要人口聚集就会带来经济和文化的繁荣，就像人口密度达到一定程度，天才就会增多一样，因为如果没有人口的聚集，即使你是天才也没有伯乐发现。如果你的天才基因是画画，但你是一个生活在偏远山区的孩子，首先你不会知道你会画画，其次就算你知道了，也没人指导，再次就算有人指导，你的父母也不一定会支持你学习画画，因为学习画画在他们眼中可能并没有出路。

北上广深还有一个吸引年轻人的地方就是社会不板结，为什么中关村有这么大的吸引力，而且每年都会出现年轻人逃离北上广深之后又回来的情况？就是因为在像中关村这样的地方，财富、社会阶层都在流动，有钱、有身份的人在这里，最贫穷、最有奋斗精神的人也在这里，有钱人想各种办法把钱投出去，年轻人靠自己的创意和奋斗精神获得投资人的信任而得到投资，伴随着多层次资本市场的推进，一旦方向正确就让自己的公司上市，成为亿万富翁。为什么年轻人在老家待不住呢？笔者猜测，核心原因是那里是一个人情社会，社会结构正在逐渐板结。

更重要的是，在大城市里我们的下一代会享受不一样的创新教育成果。伴随着科技创新，我们的教育从内容到方式都在全面创新，这种创新教育成果只会在北上广深这些大城市出现，然后才会伴随着经济时差的推进不断走入二三线城市，虽然这种扩散进程在加速，但是二三线城市的发展仍然会比北上广深晚 1～3 年。

总 结

> 综上所述，对年轻人来说，尤其是有能力的年轻人，只要你能在大城市生存，就尽量留下来，尤其是在这大变革的10 年里！

第八节　匠人创新

只做一个领域，并把它做深做透，从中获取关于用户需求的认知，了解产品的改进方向，才是更靠谱的一条路径。

一　手艺人，守艺人

在北京的东四南大街上，有一家只有十平方米的小店，和两旁的服装店、珠宝店不同，这家小店充满了年代感，几十年里，两旁的邻居换了又换，只有这家小店，见证了时代的变迁，在喧嚣的街道仿佛一座孤岛。几十年里，这家十平方米的小店换过四次招牌，每次都是简单明了的五个字——广义修笔店，而店铺的主人，如今已经是 80 多岁高龄的张广义老人，一直坚守在这里。

17 岁时，张广义跟随父亲卖钢笔，最开始只卖不修，但在当时，钢笔很贵重，摔坏后又不忍心扔掉，于是，张广义开始自己研究修钢笔。他每天摸钢笔、拆钢笔，慢慢地对钢笔的款式、结构了若指掌。到了后来，他闭着眼睛摸钢笔，都可以知道问题出在哪里，是不是自己修理过的。这样的手艺，也让张广义有了"京城钢笔张"的名号。

40 年前，广义修笔店挂牌。当年正好赶上高考制度恢复，这家小店一天要迎接几十位顾客，那段时期钢笔生意最好，再加上张广义响亮的名声，只要是他推荐的钢笔，都会成为北京城的"爆款产品"。

张广义的父亲曾对他说：一件事情不做则已，既然下决心做，就要做到底。张广义做到了，几十年的坚持，他经手过四十多万支钢笔，从几块钱的英雄牌到上万元的万宝龙牌，无数坏了的钢笔都在他的手里"活"了过来。随着年纪的增大，小店的营业时间从全天缩短到了每天下午 3 点到 5 点的两小时。而时代的变迁，也使得用钢笔的人越来越少了，店里一天可能也就来一个顾客，收益还不如隔壁服装店卖一件衣服，不过这些对张广义来说已经不重要了，因为这几十年来，张广义老人是真心喜欢这一行，喜欢做这件事情，几十年里，修笔的价格也没有很大的变化。他的原则就是：能修好就不换笔尖，能少收钱就少收钱，能不收钱就不收钱。最重要的是不认人，只认笔。

这种对笔的执着，让张广义值得拥有"工匠精神"的称号。有人想以高价盘下这家小店，让他退休享享清福，都被老人拒绝了，他说："这不是钱的事，你们不懂。"是呀，这不是钱的事，而是关乎情、关乎精神，哪怕只剩下一个人需要，这种精神就要存在。北京的东四南大街上，川流不息的人群或许不会注意到这样一家普通的小店，或许也不会知道这家小店几十年来的历史，张广义也从一个少年变成了一位白发苍苍的老人，只有那颗爱钢笔的心，从来都没有变过。或许某一天，广义修笔店消失了，可曾经上门修过钢笔的人，每次使用钢笔书写时，都将感受到其中所蕴含的"笔魂"，感受到"工匠精神"的存在。

张广义老先生拥有"工匠精神"，干一行，爱一行。他是一位手艺人，也是一位守艺人。

二　创新之谈

2016 年 5 月 2 日，10 年没有发表过一篇文章的河北科技大学副教授韩春雨，在国际顶级期刊《自然·生物技术》杂志上发表了他所带领团队发明的一种新的基因编辑技术 ——NgAgo-gDNA 的论文，这种技术向已有的最时兴技术 CRISPR-Cas9 发起了挑战。CRISPR-Cas9 被认为是第三代基因编辑技术，近些年来一直是诺贝尔奖的热门。而韩春雨团队的发现，在一些人看来，堪称"第四代"技术。

在韩春雨的名字被人们知道后，我们看看媒体是如何看待这件事情的。

十年未发一篇文章，一夜变成"诺奖级"科学家，这个人就是他（央广新闻）

科学家韩春雨何以成网红（北京晨报）

韩春雨"一夜成名"：好一场"春雨"！（人民日报）

这个默默无闻的副教授一夜成了"诺贝尔奖级"科学家！（中国新闻周刊）

科学是一群科学家对当下世界的认知水平，这个没有对错之分，并且是可重复验证的认知。把自己的设想通过不断的实验得到重复性验证就可以。随着时间的进步，科学也在提升，因为科学家群体的认知水平就是科学不断的进步过程。就像牛顿的理论对低速运行的物体合适，因为牛顿生存的年代没有能力发现高速运行的物体运行实验。到了19世纪，伴随着技术手段的进步，科学家们的认知水平在提升，从而验证了爱因斯坦的理论是对的，但这并不影响牛顿对低速运行物体理论的合理性解释。这就是科学。

而技术是一项重复性工作，一个认真、用心、负责任的人在自己一遍又一遍的工作中不断调整实验方法，不断优化数据，然后把所得的数据再次验证，这并不意味着多么高科技，也没有多少科学含量，只要用心、认真、负责任就可以做到。尤其是在"互联网＋"时代，所有的创业者都要具备技术性思维，培养动手能力，做到认真、用心、负责任，耐得住寂寞。

而创新是一种方法论，科学和技术都需要创新，创新无处不在，并且有竞争力的创新一定来自科学和技术共同的创新。就像创业领域一样，我们的商业模式在不断创新，技术能力也在不断创新，所有成功的商业一定是商业模式和技术的多维度创新！

就像韩春雨说的那样，他们每天做的事情就是发现、设想，再用实验证明自己此前的设想。就这一句简单的话，就包括科学和技术，发现、设想是科学，实验的过程就是一个技术活。

如果我们想成为创业家，就要不断地提升科学认知，更要提升技术性思维，耐得住时间的考验。要像沈岩院士对科学家的定义那样：科学家一定是边实践边思考，要在实验室做实验。一个不爱做实验的人，不可能是科学家。

时代的进步离不开创新，而不断地创新让人们的思维越发活跃，网红的崛起、新物种的出现、新商业模式的诞生，使人们的生活发生了翻天覆地的变化，变得更加个性、更加自由、更加美好，也让人们的心变得更加浮躁，有很多人已经被浮躁的社会所迷惑，忘记了自己最初的理想和追求。

"不忘初心"正是此时此刻人们所应该想起的词语，在这个人心浮躁的时刻，我们应该不忘初心，坚持自己的理想和追求，找回那个已经快要被我们忘记的——工匠精神。

三　工匠精神：找回最初的信仰

2015 年，习近平总书记在庆祝五一国际劳动节暨表彰全国劳动模范和先进工作者大会上指出，我们一定要在全社会大力弘扬劳模精神、劳动精神。

而在五一期间，中央电视台新闻频道推出了 8 集系列节目《大国工匠》

专题报道，讲述了为长征火箭焊接发动机的国家高级技师高凤林等 8 位不同岗位劳动者，用他们灵巧的双手匠心筑梦的故事，旨在弘扬"大国工匠"的劳动精神。

2016 年，两会结束之后，"工匠精神"一词出现在政府工作报告之中，可见国家对此的重视程度。

提到"工匠精神"，就不得不说德国和日本的工艺文化。

1871 年 1 月 18 日，德意志帝国成立，国家百废待兴，经济需要发展，要想进入世界市场谈何容易！在这种困境下追求强国梦的德国人，仿造英、美、法等国的产品，并通过低廉的价格打进市场。这种"偷"技术、"仿"产品的"山寨货"为德国的产品扣上了一顶不光彩的帽子。1887 年 8 月 23 日，英国议会通过了侮辱性的商标法条款，规定所有从德国进口的产品都必须注明"Made in Germany"（德国制造），用来区分"英国制造"，"Made in Germany"在当时来说是一个带有侮辱性色彩的标志。然而，100 多年后的今天，"Made in Germany"早已成为世界优质产品的代名词。

如今，有着 8000 万人口的德国，拥有 2300 多个世界名牌。这靠的是德国人的工作态度，是在生产过程中对每个细节的专注，对售后服务的重视。在德国，没有利益最大化的企业，有的只是遵守企业道德、要把产品做到极致的企业，它们往往是专注于某一领域的"小企业"、"慢企业"，很少会有"差企业"，更不会有"假企业"。在这些企业看来，产品的实用性要高于一切，一笔生意在一个人身上只做一次，这个"一次"是指用户在买完产品后，不会因为产品的无法使用而购买第二次，用户体验得好就会将产品传播给周围的人，周围的人再传播给他们周围的人。这样用心做产品的态度，才是一个企业的灵魂，才是一个工业大国长久不衰的根本所在。

在日本，历史超过 150 年的企业有 21 666 家，历史超过 200 年的企业有 3146 家，历史超过 500 年的企业有 32 家，历史超过 1000 年的企业有 7 家。日本是全世界拥有百年企业最多的国家，而中国历史超过 150 年的企业可谓凤毛麟角。

日本企业与中国企业对比

日本的金刚组公司，创办于公元 578 年，是世界上历史最悠久的公司，专注于寺庙的设计、建造和维护。在 1400 多年的发展中，金刚组不断吸取中国与西方国家的建筑手法，通过先进的技术与家族传承的工艺相结合。金刚组要做到的就是专注、极致，在几百年后，人们拆掉这些建筑的时候会想起当年的匠人们，并赞叹一句：这活儿干得实在太漂亮了。这种对技艺的精益求精和不断探索，对所做事情的专注，正是金刚组甚至整个日本对"工匠精神"的诠释。

日本的哈德洛克工业株式会社，一个只有 45 人的小公司，在业务方面很专注，也可以说很单一，因为它只生产螺丝钉和螺母，它所生产的螺母被称为"永不松动的螺母"，全世界很多技术发达的国家都会向这家小公司订购螺母。

哈德洛克的创始人若林克彦，在还是公司小职员的时候，发现当时的一种防回旋螺母使用不锈钢钢丝来做卡子防止松动，这种方式使得螺母结构复杂而且价格又高，还不能保证绝不会松动。于是他想发明一个不会松动的螺母，经过钻研后，他发明了"U 螺母"，然而，在螺母的使用中还是会出现松动的情况，不过这件事情在公司内部并没有得到重视，因为大家都以为"永不松动的螺母"只是一句广告语，没有人会当真。可若林克彦没有放弃，他继续研究，终于发明了现在的"哈德洛克螺母"，并成立了哈德洛克工业株式会社，这一过程，整整花费了他 20 年的时间。

哈德洛克螺母的原理很简单，哈德洛克工业株式会社也毫不藏私地把原理公布了出来，可原理虽然简单，却不是谁都可以复制的，其中的关键，正是若林克彦的专注与执着无人可以模仿。哈德洛克的网页上有非常自负的一笔注脚：本公司常年积累的独特技术和诀窍，对不同的尺寸和材质有不同的对应偏芯量，这是哈德洛克螺母无法被模仿的关键所在。这是在明确地告诉模仿者，小小的螺母很不起眼，而且物理结构很容易解剖，然而即使把图纸给你，它的加工技术和各种参数配合也并不是一般工人能实现的，只有真正的专家级的工匠才能做到。

我国的高铁已经取得了突破性的进步，但一个小小的螺母却不得不用进口的，因为高速行驶的列车与铁轨之间的不断接触，会产生很大的震动，一般的螺丝钉很容易被震飞，这就需要螺母永不松动，而这一看似简单的要求，却并不是随便一家企业就能做到的。

即使取得了巨大的成就，哈德洛克工业株式会社仍旧以"把螺母做到极致"为宗旨不断地进行改良和创新。如在螺丝钉上刻出笑脸图案，这种再设计虽然没有惊世骇俗的改动，只是把螺丝钉上面的十字开口变成了笑脸图案，但能让用户拧螺丝钉时看到笑容，这样细致的设计也体现了把产品做到极致的"工匠精神"。

哈德洛克螺丝钉上的笑脸图案

"工匠精神"不是一万小时定律。一个人装了一辈子的货物，如果没有改进过装卸方法、提升装卸效率，也只是搬运工而已；一个人刻了上万件木雕，如果都是模仿，没有创新，没有灵魂，也只是玩木头而已。"工匠精神"传达的是专注的态度，同时也是对完美极致的追求，在一次又一次的极限挑战中获得突破。它是一种精神、一种文化，更是一种信仰。

中国从来都不缺少匠人，每个劳动创造者都在用自己的智慧创造产品，褚时健的褚橙、云南剑川的木雕艺术等，这些都是伟大的艺术品！拥有五千多年深厚文化底蕴的中国，创新随处可见，只是很多人忘记了最初的信仰，而"工匠精神"就是找回信仰的最好体现。

第五章

新物种的诞生

第一节　草根的大时代

> 如果不让我再干一把，心里还是不踏实。大不了输了就一辈子不干了。
> ——雷军

一　每个人都是这个时代的 IP

一提到"草根"，很多人就会产生一种悲情，瞬间联想到"屌丝"、"小人物"这些词。事实上，在这个世界上，草根是组成当下社会最丰富的存在，草根的故事也最动人。

古时，信息传播很落后，大多默默无闻的人，可能都不会被世人知道，他们只生活在自己的交际圈里。现在，信息传播已经很发达，在网络上随便发一段搞笑视频，都可能会获得很多人的关注。

"IC、IP、IQ 卡，统统告诉我密码！"很多年前，《天下无贼》中范伟饰演的劫匪喊出这句话，电影院里爆发出的是哄堂大笑。当时，在观众的脑海里，"IP"这个英文字母仅仅意味着一种能够储值的电话卡。如今，IP 已不再是电话卡那么简单，它可以是一种文化、一个品牌、一个人，甚至可以是任何被人们所熟知、认可的东西。

在这个脑洞大开的年代，创新无处不在，正是有了这些创新的东西，促使各领域百花齐放。可能你工作能力强，可能你学习好，可能你体育棒，可能你游戏玩得棒，可能你动漫看得多……在某个领域，你知道的比别人多，你就拥有这个领域的发言权。在这个 IP 火爆的年代，每个人都能找到自己擅长的领域。

没有人会否认，IP 化给无数不同的个性带来了张扬和解放的机会，网络小说、视频直播、移动互联网、社交媒体等各种平台让人们的才华与抱负得以施展。在中国的发展历史上，从来没有一个时代像现在一样，"互联网 +"时代、IP 时代、众创的时代、疯狂的时代等各种本应各自称霸一个时代的代名词，在这个时代却同时出现了，社会的发展已经到了一个爆发的阶段，这个爆发的阶段让每个人都能够找到自己擅长的领域，在同一个时代里，每个人都可以找到对应自己的小时代。这一切，都为想要逆袭、想要张扬个性的草根安排妥当，让每个敢于前行的人实现自己的梦想。"中国梦"就是这个时代的 IP，我们每个人都是它狂热的粉丝，我们每个人都已经被这个时代 IP 化了。

二　第二个名字

生活中，或许很多人都有两个名字，一个是父母起的，另一个是步入社会后别人给起的称号，无论是开玩笑还是恶作剧，如果这个称号和热词、名词相关，那么这个人一定有他突出的一面。

20 世纪 80 年代初，我国正处在改革开放初期，经济、产业等方面都需要新的探索，城镇居民的就业和企业的兴办所需的大量资金，成为一道屏障，竖立在探索的道路上。在 1980 年的全国劳动就业工作会议上，厉以宁提出可以组建股份制形式的企业，即民间出资，不需要国家投入资金，从而打通这道屏障。到 20 世纪 80 年代末，全国股份制公司已超过 1000 家，到了 90 年代，随着上证和深证的建立，中国的股票市场出现了。而"厉股份"也成为人们给厉以宁起的第二个名字。

2013 年 10 月 18 日，北大 1898 咖啡馆开业，这个咖啡馆的独特之处在于它拥有 200 个股东，而且都是北京大学校友，是中国第一家众筹式咖啡馆。这种"校友＋股东"的新型模式，让校友之间的商业合作更加紧密。咖啡馆本身并不靠卖咖啡赚钱，而是通过 200 个股东构建一个平台，每位股东一年至少举办一次活动，这样一年至少会有 200 场，因为大家都是股东，所以每个人都会尽力，这样就为咖啡馆贡献了自己的人脉，让咖啡馆成为优质人脉聚集的社群，从而使平台更具价值。而这个众筹的发起人杨勇，被人们称为"杨众筹"。

在 1998 年全国政协九届一次会议上，时任中国民主建国会中央委员会主席的成思危提出《加快我国风险投资事业发展》的一号提案，并提出了"三步走推出创业板"的战略。他指出，根据现有国情，中国发展风险投资事业可采取"三步走"战略：风险投资公司、风险投资基金、二板市场。2004 年 6 月正式开盘的深圳中小企业板，正是他有关"三步走"建议的其中一步。他强调中国风险投资事业成功的关键因素是培养自己的风险投资家，由此，风险投资在中国才真正开始引起政府和国人的关注和重视，进入高速发展时期。而成思危则被称为"中国风险投资之父——成风投"。

2015 年"众创空间"成为经济新常态的热词，2016 年众创空间更是火遍全国，"大众创业，万众创新"的口号也回荡在祖国大地上，这一切都源自李克强总理在 2014 年夏季达沃斯论坛上所致的开幕词。2015 年 1 月 28 日，在国务院常务会议中，"众创空间"被列入中央文件，3 月 11 日又印发了关于"众创空间"的文件，可见又一次全民创业潮已经来临。而作为全国第一个工商注册的众创空间创始人，笔者坚信在这个众创时代，人们可以实现群体崛起，并且身体力行带着身边的战友一起走在众创的道路上，探索出了众创空间的配置模式：创业服务、技术创投、众创金融学院、众创金融大赛、众创基金。笔者通过成熟的运营模式打造出了乐智众创教育空间，并因此被大家称为"薄众创"。

在这个大时代中，每个人都有自己的属性，只要为了自己的信念而奋斗，就可以拥有只属于自己的"第二个名字"。

三　草根的主角光环

我叫薄胜，我的创业之路始于大学时代。最初就是刻一张系统盘帮别人提供上门安装系统服务，每装一个操作系统可以赚 3~5 块钱，因为会装操作系统，很多人开始找我维修电脑。比如说电脑蓝屏了、死机了，大家都会找到我，尤其是一些经常玩游戏但并不会处理电脑问题的人。从给学生装系统，到给学生的老师装系统，给老师身边的朋友装系统，机会其实就蕴含在看似不经意的小细节里。在维修电脑的过程当中，我接触到了很多卖配件的人，这就是人脉积累的第一步。

身边的人越来越多，谁的电脑坏了都会找我。在不断积累的过程中，我在创业的路上越走越远，从维修电脑转为卖电脑。为了卖电脑，我去报社买版面做广告，但苦于广告费用太贵，于是找到了印刷厂印报纸。报纸的一个版面刊登自己写的一些电脑维修感悟和心得，另一个版面用来对外印刷广告。我发动同学去学校周边拉广告，网吧充值、眼镜店、书店等各种广告都有，后来竟然发展成"拼客卡"，持卡人购买拼客卡之后消费可以享受折上折。随着拉来的广告商户越来越多，报纸登不下了，我就想到了互联网，于是邢台拼客网就这样诞生了，从此我又走上了互联网创业之路。

(a) 商家联盟优惠卡　　　　　(b) 拼客消费优惠卡

邢台拼客网

之后我在北京带团队做外包开发 App，期间做过《中国好声音》第二赛季官方报名 App 等明星应用，终于在 2014 年，我创办的乐智公司获得了互联网知名天使投资人、第一批成名的互联网极客简晶的个人投资，并且和中关村东升科技园合资成立了创业孵化公司，开始了技术创投之路。

在此期间，我辅导过上百个互联网创业项目，也因为乐智团队的快速执行能力和资本运营能力，2015 年乐智科技获得了包括上市公司新开普在内的多家上市公司的投资，让乐智公司成为股东队伍最豪华的创业公司。
为了帮助中小企业更好地发展，李克强总理在 2015 年开始推动众创空间
的发展，让众创空间从资本、财务、管理和人才等方面对企业进行升级优化。
也是在听到众创空间的介绍之后，我便快速地在工商局提交了众创空间公
司的注册申请，2015 年 3 月，公司取得了营业执照，甚至公司因此在"2015
年公务员考试申论热点：就业与创业梦"中被作为案例。

【背景链接】

2014年5月，中共中央总书记、国家主席、中央军委主席习近平给河北保定学院西部支教毕业生群体代表回信，向青年朋友致以节日的问候，勉励青年人到基层和人民中去建功立业，在实现中国梦的伟大实践中书写别样精彩的人生。习近平强调，同人民一道拼搏、同祖国一道前进，服务人民、奉献祖国，是当代中国青年的正确方向。好儿女志在四方，有志者奋斗无悔。希望越来越多的青年人以你们为榜样，到基层和人民中去建功立业，让青春之花绽放在祖国最需要的地方。

2015年3月11日，国务院办公厅印发《关于发展众创空间推进大众创新创业的指导意见》，指出顺应网络时代大众创业、万众创新的新趋势，加快发展众创空间等新型创业服务平台，营造良好的创新创业生态环境。

创新创业的"双创"浪潮给河北带来的变化是"众创空间"正在增多：在邢台，3月2日，首家"众创空间"临城众创空间科技发展有限公司取得营业执照，发起人薄胜将自己在中关村的创业孵化经验带回邢台；在石家庄，去年7月开业的5A创业咖啡馆在当地已小有名气，去观看创业项目路演的投资人多起来，以至于路演区都显得有些拥挤；在保定，去年6月，创业咖啡馆E-coffee诞生在保定电谷大学科技园，一时成为当地投资人、创业导师和创客们的聚集地……

走上众创之路几年来，我抱着产业聚集、人才赋能、资本运营的思路，
在采暖炉、新能源、智能硬件等行业摸爬滚打，取得了一些成绩，但过程
并不是一帆风顺：一方面有些人对众创空间的认知存在差距，不相信合作
可以共赢，不知道聚集可以产生红利，更不用说如何通过资本运营让几个
小企业成为一家大企业，这导致众创空间助力产业升级进度缓慢；另一方
面没有多少人真正了解"互联网＋"，从 2015 年开始我就在多个县市做过
众创助力产业升级的讲座，加了一些人的微信，然而在他们的朋友圈最流

行的不是心灵鸡汤就是微商产品。全国互联网行业从业者也不超过 500 万人，并且这些人都聚集在北上广深，其他城市的相关人才很少，地方的互联网之路就更是漫长了。

我在大学期间学习的并不是互联网相关专业，而是化学，之所以走上互联网创业之路，更多的是因为 IT 本身就是一个熟练工种，这也说明实际操作比理论更重要。也是本着这种理论与实操并行的理念，我把乐智的众创空间助力产业发展的方向锁定在教育及实践方向：用互联网金融和创新教育为人才赋能，助力群体崛起。

从大学刻操作系统光盘开始，一路走到今天，我的身上发生了巨大的变化。虽然我在这个大时代下，只是芸芸众生中的一个草根，所做的事情也算不得多么成功，但是我愿意为了梦想去奋不顾身地努力、拼搏，坚持自己的信念。什么叫梦想？朝思暮想、做梦都想、时刻都想，而且一想起就热血沸腾，那才叫梦想！什么叫信念？经历过冷嘲热讽、人情冷漠、三番四次的跌倒打击，到了几乎绝望的境地还咬牙前行，那才叫信念！！！

在这个声势浩大的大时代里，我们都是草根，璀璨耀眼的聚光灯照不到我们，欢呼和喝彩也与我们无关。虽然和大人物相比，我们显得微不足道，但我们有自己的梦想，为了理想我们可以选择背井离乡，可以不顾一切地坚持到底，我们有欢笑，有泪水；会受伤，会兴奋；既骄傲，又执着，在熙熙攘攘的人群中，我们都在努力着。没有大人物的声名显赫，却会因为得到一个认可而满心欢喜；没有大人物的权势威望，却会因为获得的一点成功而心情激动。

这就是大时代中的草根，或许现在我们一无所有，但是在这个信息发达又疯狂变化的时代，又有什么是不可能的呢？

第二节 "疯"一样的时代，一起"狂"

只要你想要，没有什么得不到，就看你究竟有多么想要。

一 网红的横空出世

"我是沉珂。大家好，7 年不见。"2015 年 12 月 22 日，"幽灵木偶偶"在微博上发布了这样一条内容，瞬间引起了网友们的轰动。"沉珂"，这个对 90 后一代有着特殊意义的名字，当年她凭着叛逆的行为和一首网络歌曲《飞向别人的床》，在网络上红极一时，被网友们称为"中国第一个网红"。2008 年后她慢慢淡出了人们的视线。但是这条微博的出现，宣告了这位"中国第一个网红"的"死而复生"，同时也勾起了很多人对曾经那段青春岁月的回忆。

2004 年，互联网刚刚在中国兴起，从小就被父母独自留在家里，一直和保姆生活的沉珂，发现了这个可以将现实中的苦恼发泄到网络上的平台。在这个平台上，她可以尽情地将创作的内容放到上面，而她创作的内容充满灵气又大胆，作为当时少有的女性说唱歌手，迅速得到了当时时髦年轻人的关注。在她写的网络日志里，她提到了自己和父母之间的关系，在学校里被同学们恶意造谣的事情，这些大胆的日志内容配上一些吸人眼球的照片及浓妆艳抹的打扮风格，在网上迅速流传。

当年的那些粉丝也都是刚刚进入青春期的少年，谁人年少不轻狂！而沉珂在网络上所展现出来的一面，让她成为正值青春期的少男少女们心目中"最酷"的年轻人。直到今天，在网络上依然可以搜到"中国第一个网红"、"网红鼻祖"等标签，可见当年的沉珂是多么红。

作为网红，沉珂曾经写的日志给很多经历相似的少年带来了安慰，很多粉丝都把她当成素未谋面的秘密朋友。然而 2008 年 2 月 13 日，一则"沉珂死于自杀"的消息，在网络上快速地传播开来，这一消息让她的粉丝们难以接受，从此再也没有沉珂的任何消息。

"我是沉珂。大家好，7 年不见。"时间回到文章的开头，2015 年 12 月 22 日，沉珂通过微博又一次出现在大家的面前，但这一次，她不再是以网红的身份出现了，7 年前年少荒唐的"沉珂"已经"死掉"了，7 年后的今天，她已结婚生子，就像她刚刚"复活"时在微博上说的："Hi，如果你很久以前认识过我，还记不记得我说过，总有一天，什么都会好起来的。给当年的少年，给成年后的我们。"

是的，每个人都有过去，每个人都会成长。就像她说的，过去的她，就让她"死掉"好了。"中国第一个网红"随着曾经的年少一起埋葬，以新的人生开始，或许也是一个不错的选择。

世界不是一个人的舞台，一个人落幕，还会有其他人登台表演，随着芙蓉姐姐、凤姐、奶茶妹妹、Papi 酱、王思聪等各阶段的网红出现，"网红"这个词逐渐被更多人了解，也变得更加火爆。从论坛到博客、从微博到微信、从文字到视频再到各种直播平台，网红在变化，追捧网红的网民在变化，网红和网民交流的媒介也在变化。网红的横空出世让人们原本平淡的生活多了一丝色彩，让中规中矩的生活变得有那么一点不同了。

二　玩着玩着居然有钱了

在某个微博、微信、论坛或其他聊天软件中，你一定见到过那种神情夸张、画风奇特的"暴走"表情，也一定听说过"王尼玛"这个名字，这是一个"谜之男子"，他虽然是一个网红，拥有上千万人的关注量，却没有人知道他的真实面目，一个"暴走"头套，尽显"谜之本色"。一个画风粗野、丑到"没朋友"的表情，却在网络上被疯传，QQ、微信的聊天表情，微博、论坛的留言表情……这个形象无处不在，这一切都与"王尼玛"做的"暴走漫画"有关，它有趣、好玩、调侃万物，成为人们工作、生活中的调味剂。

从做网站，塑造"王尼玛"的形象，到制作"暴走漫画"、真人视频《暴走大事件》等，都是几个 85 后男生"玩"出来的成果。作为创始人之一的创意总监，"肥丝"是学计算机的，制片人"小英哥"是学管理的，编导"王蜜桃"是学土木工程的，每个人都不是科班出身，大家都是因为搞笑的天赋聚到一起。"暴走漫画"的团队曾在接受采访的时候被问："很多追着看《暴走大事件》的观众都感觉一集十几分钟太短了，根本看不爽，你们是故意要吊观众的胃口吗？""暴走漫画"的成员很委屈地说道："一个月有四次更新已经很不容易了，一开始就我们几个人在做，而且是抱着玩的心态，随时都有可能不做了，但随着粉丝的数量越来越庞大，我们也惊呆了，开弓没有回头箭，面对江东父老的期盼，我们即使是抱着玩的心态，现在也不可能抛弃这么多亲人了呀。"

"王尼玛"带领的团队，从最初抱着玩的心态到成为网红，再到获得投资，一路走来，虽不能说顺风顺水，却也玩出了名堂，玩出了一份娱乐众人的责任。像这样"玩"出名的，不是只有"王尼玛"一个人，下面这个人也同样有一段传奇经历。

2015年10月的一天，网络上开始传播一段利用变声器制作的视频，其内容诙谐、幽默，迅速引起了网友们的广泛关注，并在随后短短两个月的时间里，累积了几百万名粉丝。Papi酱，这个"集美貌与才华于一身的女子"因此走进了人们的视线。

几句简单的对话，被制作成短短几分钟的小视频，就获得了大量的关注，在微博上已经拥有1996万人的粉丝数量，并且在2016年3月获得了由真格基金、罗辑思维、光源资本和星图资本联合注资的1200万元，估值达到3亿元，Papi酱也因此被称为"2016年第一网红"。

罗振宇曾自嘲地说："我花了3年多，粉丝到600万；Papi酱花了4个月，粉丝1000万。我每天绞尽脑汁，讲哲理故事；你每天网上制作几个段子。

我们团队上百人，一年收入 2 亿多元，现在估值 13 亿元。你一个人，啥也没开始卖，估值 3 亿元。你叫叔叔怎么睡得着？"

罗振宇睡没睡得着咱们先不考虑，但是，2016 年 4 月，Papi 酱没有愧对"2016 年第一网红"这个称号，因为她卖广告了，而且还卖出了一个很高的价格！

2016 年 4 月 21 日下午，Papi 酱的广告招标会开始了，在不到 20 分钟的时间里，Papi 酱的这条广告从最开始的二十几万的底价一路飙升到 2200 万元，而且这条广告在 Papi 酱一期的视频片尾中，仅仅播放"一次"，一次？！这个世界是怎么了？真可谓"一掷千金终得桂，土豪任性还有谁"。

如今的"网红"已经不再是十几年前的"网红"了，在这个随便一句话都有可能成为"段子"的时代，"网红"也不再只是让更多的人知道的一个人那么简单，它已经变得更加有"内涵"，变成了一种文化，变成了一种经济。所以，"网红"之后一个新词出现了，它因"网红"诞生，也影响着"网红"，它就是——网红经济。

三　网红经济

百度百科上对"网红经济"给出了这样一个定义：网红经济是以一位年轻貌美的时尚达人为形象代表，以红人的品位和眼光为主导，进行选款和视觉推广，在社交媒体上聚集人气，依托庞大的粉丝群体进行定向营销，从而将粉丝转化为购买力。

在笔者看来，网红经济不一定非要年轻貌美的人作为形象代表，如今的网红可谓遍地开花，都拥有各自数量不少的"蜜蜂"。对于网红经济，说得通俗一点，其实就是一个人在网络上做的内容得到了很多人的喜爱，这时他会顺便在内容里做一些广告，或者向粉丝们推荐自己所卖的商品，由此获得利益。

耳听为虚，眼见为实，下面举个"栗子"。

上次去上海，在出机场等出租车的地方，排了好多好多乘客。我从队头往队尾走，感觉见完了半辈子要见的人。所有人都在低着头玩手机，巴不得时间可以比实际上消磨得更快一点。我走到队尾的时候，一抬头，仿佛看见了一小时后的自己。整个队伍都很安静，只有队头的人因为在分车所以有响动。

关于等待，似乎每个人都"心怀鬼胎"。

说来也奇怪。有些人，你真的不知道他下一次是什么时候来。你们当下热络地交谈，原来也不一定是为下一次见面铺垫。冷不丁的相遇，总会好过处心积虑的安排。

我的一个朋友跟我聊起他初中时的一段感情。那个时候，大家都刚刚有冲动去认识异性。不知道什么是在一起，也不知道怎么样算在一起。总之，如果两个人每天都会聊天，那就代表着对方的意义不寻常。那个时候，他每天会和隔壁班的一个姑娘发短信。发的内容特别无聊，但是两个人都有十足的信心聊下去。当时那个姑娘告诉他，她特别喜欢去自家附近的一个书店看书。自从得知这个消息，他每天下学回家，都要骑车到那里。虽然一点儿也不顺路，可他就是想看看她在不在。往那儿一蹲，就蹲个把小时。看不到她，再悻悻离去。

我听他说这事儿的时候，特别惊讶。我说她就在你隔壁班，你为啥不直接去找她。他说，这不一样啊，你知道等一个人和找一个人有多大区别吗？想想也对，这种两个人"不经意"碰见总显得浪漫一些。这个时候的等待，看起来都不知道有多美好。

我的另一个朋友，女孩子，在广告公司上班。她时常加班到凌晨，每天不打滴滴专车回不了家。她跟我抱怨说，天知道她多想让男朋友每天来接她。可是转念一想，每天这样，也是给他增加了好多负担。特别是有一次她出差回来，一下飞机，就被北京的冷空气瞬间击倒。整个人一下子咳嗽起来，积攒了半年的怨气，恨不得一股脑儿全发泄出来。她特别想给男朋友打通电话过去，叫他放下所有事儿来机场接她。可理智一上来，想想还是算了。他也要工作，他工作也是为了她，何必两个人互相为难。就在她瞎琢磨的时候，她男朋友突然给她打了个电话。他说给她叫了接机的专车，说北京天气冷，赶紧上车回家。她一下就笑了，不停地说好好好。上车之后，司机师傅也格外体贴，跟她说，小姑娘，今天堵车，我开着导航呢，北京雾霾又比较严重，你男朋友要我来接你，你要是不放心，也把导航打开。她忙说谢谢。刚出机场时受的凉，一下就被暖化了。

我们总是在等。等来得了的人，或者来不了的人。像在等一个必将到来的外卖，也可能像在机场等一艘船。很多事，我们避免不了等待。但是有些事，其实我们没必要等太久。

专车接机，滴滴等你。

滴滴专车接机不用等，一下飞机马上回家。

如果航班延误，滴滴专车免费等你。

在你最需要的时候出来，无论风雨，不顾日夜地等你，送你回家。

喏，我一直在等你。

其实，也有人一直在等我呢。

——摘自胡辛束《我一直在等你》，有删减

这是"胡辛束"公众号里的一篇文章，整篇文章看下来，感觉就是一个少女在写着自己的日记，把自己生活中的所见所闻和亲身感受用文字记录下来，从头至尾看下来感觉很温馨，只有看到结尾的时候，才恍然大悟："这原来是一个广告！"但是这个广告看得我毫无厌恶感，这么低调的广告，我给满分！用一句调侃的话说："我就喜欢你一本正经说瞎话的样子。"

"胡辛束"是继 Papi 酱之后，获得真格基金和罗辑思维联合投资的"网红"，通过自己少女心的写作风格，使公众号得到了大量粉丝的关注，然后通过接收广告来获得利益。而对于她打的广告，粉丝们并不反感，甚至很多粉丝都期待着她的广告，仅靠广告的盈利，她一年的收入就有几百万元。

网红自带粉丝，自带流量，商家对接一个网红就等于对接了网红背后的几十万名粉丝，这样的经济来源都是通过网红来发生的，网红经济的本质就是它的内容人格化了，让大家接受、认可，从而带动消费，获得收益。

英雄联盟（LOL）是火遍全球的竞技类游戏，也是在无数青年中流传的"男人之间的战斗"游戏。它的出现，成就了一批又一批游戏名人。这其中，一个自称"葫芦岛吴奇隆"的 LOL 游戏解说员——小智，他的经历就很好地诠释了"网红经济"这个词。

2012 年，小智开始解说英雄联盟，凭着其幽默风趣的解说风格，赢得了众多的粉丝，从出道开始到今天，他的视频在各大平台上播放总量已经过亿次。之所以如此成功，与他所做的内容是分不开的，在他的解说中，幽默风趣只能算是其一，而其二，看过小智视频的人应该都知道，这里面还有一个活生生的人物，被小智用自己的语言风格刻画得栩栩如生，这个人就是"碧哥"。用小智的话来说，碧哥在视频中是一个有血有肉的人。小智在解说的过程中，所有的小段子都是通过碧哥的形象表达出来的。罗振宇曾在 2015 跨年演讲的时候说过一个典故：俄罗斯作家托尔斯泰写过一部名著，叫《安娜·卡列尼娜》。最后书中的女主人公死了，读者不答应了：这么可爱的女主角，你怎么能把她写死呢？托尔斯泰回答道，我也不想让她死，她非要死。小智的视频就是如此，粉丝们在他的视频中看到的不仅仅是用代码堆出来的毫无情感的游戏，而是鲜活的碧哥，这就是内容人格化的魅力。

通过做游戏解说，小智获得了大量的粉丝，而后开始在视频中向粉丝们推荐自己的商品，开淘宝店，从最开始的卖零食到后来的卖鼠标、键盘、衣服等。大家喜欢看他的视频，有时顺便买一件他的商品也不是什么问题。随着游戏竞技逐渐商业化，很多游戏方向的"网红"，身价也在不断攀升，根据数据的统计，小智的身价预估已经高达每年上千万元。

"网红经济"给人们带来了很多曾经不敢想象的事情，让人们看到了这个世界的疯狂，它几乎连接了我们可以想到的所有领域——直播平台、电商、微博、微信、零售、房地产、娱乐、时尚等。在这个时代，它已经成为一个关键词，它让世界变得疯狂，让人们的生活更具活力。面对如此丰富多彩的时代，你，不来疯狂一下吗？

四　再不疯狂就真的老了

"再不疯狂我们就老了，没有回忆怎么祭奠呢？还有什么永垂不朽呢？错过的你都不会再有。"

2012年，李宇春的一首《再不疯狂我们就老了》引起了众多网友的共鸣，这句话也成了2012年9月的网络最红语句。

年少时，我们相信梦就在远方，我们一路奔跑向前。时间飞逝，岁月蹉跎，如今回首望去，原来这一路上本就有很多风景，可是为了远方的梦，我们还没来得及欣赏就已经错过了，再看前面，梦，依然在远方。

80后，是指国家执行计划生育后，在1980年以后出生的一代人，大多数人是"独生子女"，曾经是被时代烙印着鲜明个性的一代，如今早已不是社会新活力的代名词，也不再如曾经那般存在很多的社会争议，年纪最大的80后早已成家立业，奔着中年而去了，年纪最小的80后也即将迎来而立之年。曾经在人们眼里还很年轻的一代已经慢慢"老"去，曾经的轻狂、张扬也已被时间淹没，一个群体的时代就这样过去了，那么70后、

60 后，甚至年纪更大的人呢？ 90 后、00 后呢？

　　这个世界已经开始变得"疯狂"：可以在网络上用手机直播吃饭，半小时就围观了 50 万粉丝；游戏解说员的身份不断攀升；"直播＋淘宝＋商业"的模式让普通的事情变得"疯狂"起来，让直播者得到了关注，收获了财富。例如，教弹钢琴、古筝等乐器的老师，通过直播，不仅在线上获得了打赏，在线下也有学生通过直播慕名而来。

　　在这个"疯狂"的时代，不仅仅是直播，还有更多的新事物等待着我们去发现、去尝试。在这个网红、新政策、新商品、新工作、新玩法等各种新事物百花齐放的时代，我们更应该抓住这个时代的红利。在这个"疯狂"的时代，无论你是什么性格，有何理想，都会找到自己的方向，在这个"疯"一样的时代，让我们一起"狂"。

第三节　不一样

　　鲹鱼效应：鲹鱼因个体弱小而常常群居，并以强健者为自然首领。将一只稍强的鲹鱼脑后控制行为的部分割除后，此鱼便失去自制力，行动也发生紊乱，但其他鲹鱼仍像从前一样盲目追随。

一　不一样的工作

　　提到工作，每个人都想找一个既轻松又赚钱的工作，世上怎么会有如此便宜的事情，大部分人还是要每天朝九晚五地打卡上下班。但随着这个"疯狂"的时代到来，很多新兴的职业出现在了人们视线之中。

颜值高，能卖萌，会沟通，每天早上帮程序员们买些早餐，上班时间每隔一段时间去办公室里溜达一圈，看看程序员们需要什么帮助，帮助劳累的程序员揉揉肩，每天的下午茶时间带领大家活跃活跃气氛，打打乒乓球，做做体育运动，让这些又"宅"又不善于沟通的人们工作气氛更加融洽，而且有美女在身旁，心情也会更好，工作效率自然也就提高了。这一帮助程序员提高工作效率的职位就是——程序员鼓励师。

这个职位放在十几年前，那是大家想都不会想到的，即使有人谈起也只会被当成笑话一笑而过。但今天，这个不可能成为了可能，因为这个不一样的时代，有了这种不一样的工作，互联网时代出现的新物种正在颠覆人们的世界观，刷新人们的认知。

酒店试睡师，又一个刷新人们认知的职业，在国内的各式酒店里住宿，通过亲身体验，记录下客观公正的评价，写出一份详细的酒店信息供网友们参考，这期间可以免费住宿，还可以拿到报酬。对很多热爱旅行或经常出差的人来说，这简直就是动一动笔的事情。这一职业出现后，被网友们直呼为"史上最爽职业"。

这些新职业的出现，一遍又一遍地刷新了人们的认知，随着近几年社会的发展和人们思想的活跃，网络鉴黄师、网络砍价师、电竞解说、外卖骑士等职业被人们"创造"出来。三百六十行，行行出状元，而当"互联网＋"连接一切的时候，三百六十行早已突破界限。伴随着"大众创业，万众创新", 工作的机会越来越多, 人类的创新和发展也仍在继续, 以后还会出现哪些不一样的工作, 又有谁说得好呢? 这些不一样的工作, 正是这个时代的新物种。

二　不一样的商品

喝酒的时候只有月亮相伴, 想大声歌唱的时候却发现没有知音。关山难越, 谁悲失路之人; 萍水相逢, 尽是他乡之客。在外漂泊, 有时就会感到自己很孤单、很无助, 希望有个人能够陪伴在身边, 哪怕只是几句语言上的问候, 心里都会暖暖的。

"做了三年半的晚安姑娘, 没想到今天上了头条。谢谢很多人陪了我这么多年, 也感谢自己的坚持, 才能遇到今晚的你。晚安。""他们说我在做这样的事情, 就不应该不开心。但他们不知道, 我曾经因为不开心, 而做了这样的事情, 晚安吧。""世界没有隐形人, 我只是愿意为你默默无闻。晚安。"

这几句话是在淘宝上售卖的晚安语句, 这种有趣又有爱的互动方式, 让一些在异乡漂泊的人有了心灵上的安慰, 无论什么形式, 都让他们感觉到有人在惦记自己。

除了卖晚安, 还有虚拟男友、虚拟女友等, 这些心灵安慰的买卖在十几年前又有谁能想到呢? 都说现在是一个脑洞大开的社会, 人类的想象力和创新力正在随着科技的进步被无限地激发出来, 各种奇葩买卖刷新着买家的三观。

2016 年 2 月 14 日, 情人节, 著名歌手周杰伦的妻子昆凌在微博上晒出了自己收到的礼物，一盒 roseonly 的经典永续系列，并在微博上写道：
"好美的玫瑰花，收到一生只送一人的 @roseonly 誓言，好久没有在情人节
收到花了，祝天下有情人终成眷属！"

"一生只送一人"的设定，能多卖却非要限量，这在很多生意人来看，
简直就是自毁生意。但在这个时代，这样的商品就出现在人们的生活中，
并且使销售商成为天猫销售额第一的花店。

这些新商品的出现，丰富了人们购物的选择，增添了人们生活的色彩，
也体现了这个时代的不一样之处。这些不一样的商品，正是这个时代的新物种。

三　不一样的玩法

20 世纪 70 年代的少年，玩的是滚铁圈、踢毽子，80 年代的少年，玩
的是踩房子、跳皮筋。到了 90 年代，那一句"小霸王其乐无穷"陪伴了
一代人的成长。时代的变迁，影响了一代又一代人的成长，每个时代都有
各自的产物，它们给我们带来了惊喜、生活和回忆。而在今天，在这个互
联网时代，又会给我们带来什么呢？

随着互联网时代的到来和智能手机的出现，人们可以玩的东西也越来
越多，美图秀秀、美颜相机、玩图、Pics Art 等让万千少女找到了自己的"魔
镜"，卡西欧自拍神器虽然价格高达 5000 到 9000 元不等，但仍然引得很
多自拍达人争相购买。应用商店里有上万种 App 软件供我们选择，有太多
的软件我们都没有体验，甚至都没有听说过，因为在这个大爆发的时代，
人们的业余生活也不再像从前那样单一了。

　　90 后是比 80 后更具个性的一代，与"二次元"一起成长，有着更大的"脑洞"。随着 90 后一代的崛起，他们所主导的亚文化逐渐成长为社会的主流，各类与 90 后亚文化相关的网站都凝聚了大量的用户群体。

　　有这样一个网站，人们注册后只是注册会员，只能发送弹幕和收藏视频，而要想拥有更多权限，就要通过答题来成为正式会员，基础题全都答对才可进入自选题，选择自己擅长的类目，如动画、音乐、游戏、科学技术、影视剧等。做完自选题后根据得分被判断是否能够成为正式会员，成为正式会员后，可以解锁拥有发送滚动弹幕、评论视频、视频投稿等特权。如果得分在 85 分以上，就可以成为攻略组成员，拥有特殊的头像框，凸显出在网站的"尊贵"地位。这个网站就是国内知名的年轻人潮流文化娱乐社区——哔哩哔哩（bilibili）。

哔哩哔哩注册页面

哔哩哔哩晋级正式会员页面

这样的玩法，不像其他网络，对会员来者不拒、多多益善。答题分数不够，说明不在一个次元，那就不是最精准的用户，就不能享受到只有精准用户才能享受到的权利，这也让成为正式会员和攻略组成员的人感受到了归属感和荣誉感，所以我们经常会在论坛、贴吧中看到"在下来自 B 站"、"某某来自 A 站"等。

互联网时代下的玩法，不再刻板，不再中规中矩，而是开始创造，"人艰不拆"、"然并卵"、"不明觉厉"、"累觉不爱"、"细思恐极"、"喜大普奔"、"十动然拒"等词的出现，再次证明了小伙伴的聪明才智，在这里笔者不得不说一句："哈哈，这些字已经被你们玩坏了。"这些不一样的玩法，正是这个时代的产物。

四   不一样的科技

2012 年暑期，一部以虚拟现实游戏为题材的动漫《刀剑神域》掀起了一波热潮，动漫中使用的虚拟现实（Virtual Reality，VR）头盔能够让玩家身临其境地体验到游戏中的各种动作和场景，就如同自己穿越到了一个二次元世界一样，通过精神就可以控制游戏中的角色，甚至在游戏中吃的东西都有真实感。这样真实的体验让广大玩家和动漫迷们向往不已。

近年来，随着科技的发展，《刀剑神域》中的一幕幕不再只是单纯的想象，虽然目前的技术还不能达到其中的效果，但 VR 产业已经兴起，它正在颠覆和创造新的领域。生活、旅游、军事、教育等领域都已出现 VR 的身影。通过 VR 旅游，将景色以 3D 交互的形式，360 度地呈现在用户眼前。去不了游乐场？去不了迪士尼？通过 VR，过山车让你坐个够，足不出户就可去远方旅行，更便捷、更安全、更省时。通过 VR 看电影，可以让自己置身电影中，从任何角度都可以看到不同的景象，甚至当你回头的时候，可能就会错过另一侧的情景，观影者完全以"局内人"的身份加入到故事中，做到真正地体验故事的进展。在教育方面，随着 VR 技术的出现，最近几年火爆异常的在线教育，怎么可能会放弃这个"添把火"的机会？各大在线教育网站也开始了 VR 技术研发的投入，相信在不久的将来，教育领域也将迎来一场变革。

VR 技术的出现，对未来人们生活的质量将有着质的提升，对 VR 技术的研究，已成为各国科技发展的热点问题，成为互联网发展的重要潮流。虽然目前 VR 产业的发展还在起步阶段，但随着各项技术的不断成熟，VR 产业将进入一个大好时期，一个新的领域，甚至一个新的职业即将诞生。

在这个时代，我们是幸运的，也是不幸的。我们接触了更多的新事物，但同时，如果不跟上时代的步伐，我们也很容易被淘汰。只有不断创新，才能跟上时代的步伐，甚至超越它，成为时代的领航者。

第六章

众创时代

第一节　两个赌局

动车理论：公司管理中的"驱动力"不能只存在于高级管理层，而应该分布在公司每个业务单元，甚至每名员工的心中，这样公司的运营效率才能达到动车的效果。以前有一句老话："火车跑得快，全靠车头带。"但是目前看来，这句话既对也不对：现在动车是把动力装置分散安装在每节车厢上，使其都具有牵引力。

2012 年，在"CCTV 中国经济年度人物"现场颁奖典礼中，马云和王健林设下一个赌局，内容就是："10 年之后，电商在中国零售市场上所占的份额能否超过一半，如果超过一半，王健林给马云 1 亿元，如果不能超过，则马云给王健林 1 亿元。"

2013 年 12 月 12 日，赌局的"后辈"，小米手机创始人雷军和格力电器董事长董明珠，在"CCTV 中国经济年度人物"现场颁奖典礼中，同样打起了赌，赌小米在 5 年内销售额能否超过格力电器，赌注 10 亿元。

两组赌局或许只是企业家们的玩笑，但在赌局的背后却是互联网行业与传统行业的竞争。互联网行业的崛起对传统行业造成了巨大的冲击，马路上随处可见快递车辆，饿了么、美团、百度外卖、个人对个人（Peer to Peer，P2P）借贷、自媒体等平台的出现，无疑向传统行业扔出了一个个"重磅炸弹"。实体店的生意已经越来越难做，2016 年，新世界百货关闭北京时尚店，NOVO 百货关闭重庆大融城店，新华百货关闭银川东方红店，友谊商店关闭广州南宁店，沃尔玛在中国更是关闭了 10 家门店，传统行业正在面临前所未有的困境与挑战。

传统行业的发展已经到了一个拐点，对比互联网企业经营，传统行业在管理提升、组织变革、资本运营、技术支持、人才赋能等方面，都需要全面提升。2015 年众创空间的出现，给传统行业带来了转机，国家也在大力促进众创空间与传统行业的深度融合，通过技术支持、发展指导、资源配置等服务，帮助传统行业转型升级，众创空间将是传统行业解决困难的重要平台。

第二节　创业者的摇篮

对创业者来说：20 岁创业要做的是有想象力的公司，30 岁创业要做的是有管理的公司，40 岁创业要做的是让资源释放的公司。

每天早上，走进装修高档而又不失清新的办公大楼，周围随处可见励志标语。我们在小学语文课本中，都学过鲁迅在自己的课桌上刻"早"字来提醒自己，而现在的创业者也通过小标签时刻提醒自己："将来的你会感谢现在奋斗的你"、"亲爱的自己：只有一条路不能选，那就是放弃的路"、"年轻应该在梦想中度过，这是人生的部分意义"。各式各样的小纸贴、照片墙贴在走廊两侧、办公旁，我们身边充满了朝气蓬勃的小伙伴。

来到自己的工位前，你梳理着一天的工作内容，突然想到一件事情，于是来到 3D 打印团队的办公区。

"朋哥，我们的产品需要你们帮忙打印一个 3D 模型出来，晚上请你吃饭哈。"

"小意思，正好我们这里的一个新设计也需要你来帮着参谋参谋。"

整个办公大楼里，入驻了各行各业的创业团队，一个团队的力量和技术是有限的，但是当多个团队有效协作起来的时候，它们的能量是无限的。人们在发展自己团队的同时，也在和其他团队交流，互相扩充着人脉和渠道，在各自的创业道路上织出了一张大网。

整个办公大楼的运营团队，也定期为创业团队提供工商注册、商业计划书指导、技术支持等服务，组织现场路演、专业知识培训等活动，帮助团队更快地成长。

每个人都在为自己的青春而奋斗，为自己的目标而努力。这是一栋能够让人充满斗志、相互紧密协作、一起成长的"魔法大楼"。这栋大楼还有另一个名字——梧桐树众创空间。

梧桐树众创空间

　　李克强总理提出"大众创业，万众创新"后，众创时代彻底到来了。随着众创时代的到来，众创空间火了。2015 年，被定为众创空间发展的元年。

　　在众创空间之前，已经有孵化器和联合办公空间的概念，它们也算众创空间的前辈，但是众创空间的出现，狠狠地把它的前辈们拍在了沙滩之上。

　　众创空间应该怎么做？我们要具备工匠精神：人人都在讲细节决定命运，但有多少人真正了解细节？为什么日本拥有那么多百年老店？日本的一个螺母企业，在细节上深入挖掘，很多国际知名企业都在采购这家的螺丝钉。这些细节就是科技。

我们不能重蹈产业园区、孵化器的覆辙！李克强总理为了提升国家经济整体实力，提出了大众创业、万众创新。建设众创空间，本身是为了借助互联网让中国的产业整体实现一个大的提升，让各地根据自己的产业模式重新梳理规划，调整产业结构，让中国经济实现弯道超车。但是各地为了众创而众创，一夜之间众创空间遍地开花，有的只是一个场地、几间屋子、几张桌子，既没导师，也没章程，更没想好如何孵化企业，甚至都不知道孵化是什么概念，众创空间到底有什么业务，体现什么功能——事实上它们在一无所知的情况下就开始孵化！具体怎么做、干什么，都不知道；还有的是跟风作秀。总之一句话，空壳化严重。那该怎么办呢？

首先，要对众创空间有一个真正的认识。其实，众创空间就像一个综合体，既要有孵化器，也要有联合办公空间，它完美地结合了孵化器和联合办公的特点，并进行了升级进阶。既提供了工作空间、社交空间和资源共享空间，又提供了工商注册、创业培训、活动路演、投资机会等全面的创业服务。在这里有资源丰富的投资人，也有有时间并愿意奋斗的年轻人。

它不仅仅是一个物理环境，而是让所有有时间、有精力的创业者和有资源、有资金的企业家和投资人互动起来，让创业者在企业原来的平台模式上进行有序的创新和模式改变，而不是只有创业者参与创业。从一定程度上说，更多的是让投资人这个角色变成多样化，投入资金算创业，投入资源也算创业。

创业不是政府的一时决定，而是一个长期的国策，随着带宽、网络等互联网基础设施建设的初步完成，加上互联网的开放、分享、平等、协作精神，众创时代已经来临。这个时代的人只要具备奋斗精神，以及诚信、认真、负责的态度，就可以参与众创！不仅仅在北京，更多的是在二三线城市，所有创业创新都将成为未来十年甚至三十年全国的基本政策。

而围绕着众创时代出现的众创空间，可以定位为"4+空间"，即"孵化+基地"、"投资+财务"、"培训+辅导"、"技术+服务"，帮助传统行业转型升级，帮助有创业梦想的人实现创业。

作为众创时代的创业者，不仅要有奋斗精神，还要具备一定的能力，这种能力将成为创业成功的关键因素，帮助创业者找到正确的道路。

哥德纳企业生命周期理论指出，企业和人及其他生物一样，也有一个生命周期。企业的发展具有不可预测性，一个企业由年轻迈向年老可能经历 20 ~ 30 年的时间，也可能经历好几个世纪；企业在发展过程中可能出现一个既不明显上升也不明显下降的停滞阶段；企业的消亡也并非不可避免，企业完全可以通过变革实现再生，从而开始一个新的生命周期。

芬尼克兹的裂变式创业，被罗振宇评价为传统企业转型互联网最成功的企业。企业运营最难解决的问题，一个是高管流失，另一个就是无法持续创新。而裂变式创业在每次有项目的时候，将管理人员升格为股东，从公司中裂变出一个新的公司，他们可以去创建自己的事业，从而解决公司成长到一定规模后，因创新力不足而陷入困境的难题。

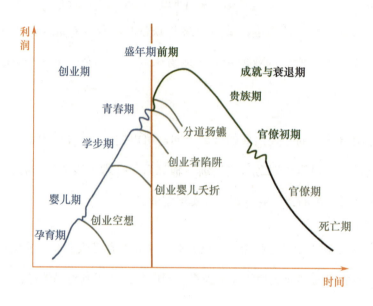

哥德纳企业生命周期表

众创空间服务的不仅仅是中小企业，上市公司也同样需要众创空间提供服务。

笔者作为一名连续创业者，通过身体力行，在哥德纳理论之上，总结出了新的结论。每个公司的产品都会经历起步、成熟、衰退的过程。如果只有一种产品，企业必然会有衰退期的出现，如果不想衰退，就需要迭代更新第二种、第三种产品，而产品的迭代更新不是非要到衰退期才开始的，而是在产品的上升期就要开始筹备了，例如下图中的 A 点、B 点的阶段。

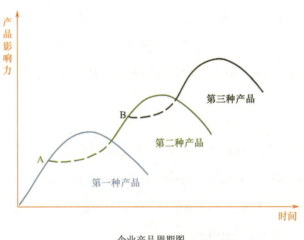

企业产品周期图

以腾讯约 300 人的事业部门为例，同时研发、运营 100 个以上子产品，每月发布 30 个以上版本，这种产品的快速迭代能力，是保持腾讯持续创新的关键因素；苹果的强大同样是因为它的产品迭代能力，对苹果来说，它需要的并不是每年创造一个全新的产品，而是有节奏地创造产品，同时把现有产品做到极致。因为只有这样才能保证公司在产品领先的同时获取最大的利润。只有这样才能保证公司稳步上升发展，在每个阶段都能开启一个比上一周期更高层次的新周期。

第三节　谈"道"之前先观"念"

推动创新的，不是市场调查和没完没了的焦点小组，而是生气的用户。

这是一个最好的时代，也是一个看不透、摸不到的时代。它每天都在发生变化，有新的商业模式出现，有新的高端名词出现，有新的竞争方法出现。这一切的出现，都是人们随着时代的变化，对自身"功法"的改良，从修"体"到修"道"。

在修"体"的年代，大家只要把自己的"体质"修炼好，练到"不灭金身"时，你就是这个世界的强者；但是在修"道"的年代，"不灭金身"已不再天下无敌，大家更加注重对"功法"的深度运用，对周围元素的掌控，从运用自身之力到运用天地之力，此乃大成境界之体现。

那么这个"道"到底是什么呢？我们又要怎样去运用它呢？先别急，练功要一步一步来，所谓欲练功法必先心法。在谈"道"之前，我们先来看看我们的"念"。

我们一直在说创业，但是我们自己是为了什么创业呢？或许是为了财富，如果说你在一个好的岗位上有着可观的收入，可以稳步升入中产阶级，那么创业就是一次质的飞跃，是让自己实现财务自由的最佳途径；或许是为了证明自己的价值，风流人物自古狂，我们总要有些自信和张狂，把自己的才能展现出来，不为财富与名利，只为了那句"我可以"；或许只是为和一些有梦想的人，一起做一些有想象力的事情；或许没有或许，哪里有那么多为什么？一辈子就是要做那么一件让人义无反顾的事情，经历过后再回首，不会忘记最初的那份疯狂和执着，这样就可以了。

无论什么原因，我们都要清楚自己的出发点，这样在以后遇到任何事情的时候，我们都会想到——不忘初心。

说完创业，那么你认为自己明白企业在经营什么吗？

第一，企业只是制造满足市场需求的产品，只要有原型，工业流水线可以让产品大量地复制生产出来。但产品有生命周期，市场有饱和度，利润空间也有限，这就是典型的从1到n的过程，只是一个量变的过程，只是企业追求赢的过程。

第二，企业创造了良好的组织基因，因而可以与时俱进不断进化，实现纵向传承，企业最好的产品就是企业自身。

第三，企业创造了社会基因或思想基因，这可以使企业跨越边界，影响整个行业乃至社会，实现横向传承。

观"念"就是要让自己看清事物的本质，看清本质之后，对"道"的理解才会更透彻，才能更好地去运用，去创新，创造出新的商业模式，激发出新的经营理念。

第四节 创业，从小马过河到战略驱动

当你只有火鸡那么大时，小鸡不会承认你比它大；当你锻炼成鸵鸟那么大时，小鸡才肯承认你比它大。

——柳传志

小的时候我们都听过这样一个故事：

小马和它的妈妈住在小河边。它过得很快乐，时光飞快地过去了。有一天，妈妈把小马叫到身边说："小马，你已经长大了，可以帮妈妈做事了。今天你把这袋粮食送到河对岸的村子里去吧。"

小马非常高兴地答应了。它驮着粮食飞快地来到了小河边。可是河上没有桥，只能自己蹚过去。可小马又不知道河水有多深，这可怎么办呢？犹豫中的小马一抬头，看见了正在不远处吃草的牛伯伯。小马赶紧跑过去问道："牛伯伯，您知道那河里的水深不深？"

牛伯伯挺起他那高大的身体笑着说："不深，不深，才到我的小腿。"

小马高兴地跑回河边准备蹚过河。他刚一迈腿，忽然听见一个声音说："小马，小马，别下去，这河水可深啦！"小马低头一看，原来是小松鼠。小松鼠翘着她漂亮的尾巴，睁着圆圆的眼睛，很认真地说："前两天我的一个伙伴不小心掉进了河里，河水就把他卷走了。"

小马一听没主意了。牛伯伯说河水浅，小松鼠说河水深，这可怎么办呀？他只好回去问妈妈。马妈妈老远就看见小马低着头驮着粮食回来了，心想他一定是遇到困难了，就迎过去问小马。小马哭着把牛伯伯和小松鼠的话告诉了妈妈。妈妈安慰小马说："没关系，咱们一起去看看吧。"

小马和妈妈又一次来到河边，妈妈让小马自己去试探一下河水有多深。小马小心地试探着，一步一步地蹚过了河。噢，他明白了，河水既没有牛伯伯说的那么浅，也没有小松鼠说的那么深。只有自己亲自试过才知道。

自从"大众创业，万众创新"以来，创业已经成燎原之势在全国范围内展开，企业注册局局长周石平介绍，仅在 2016 年上半年新登记企业就达到了 261.9 万户，同比增长 28.6％，平均每天新产生企业 1.4 万户。同期，全国注吊销企业总数约 87.82 万户，平均每天"死亡"企业 4800 多户。综合来看，2016 年上半年我国日均净增企业数 9600 多户。在新增企业中，新登记私营企业 247.9 万户，同比增长 28%，约占新增企业数量的 95%。值得注意的是，到 2017 年 6 月底，全国实有私营企业数量在内资企业中的占比首次超过 90%。2015 年，中国境内总计有 4489 笔投资，总值达到 605 亿美元，但是又有多少创业企业知道自己公司的使命是什么呢？从 2007 年开发网站开始笔者就开始了创业之路，尤其是在 2014 年拿到投资之后，笔者一直在思考这个问题。笔者见过上百家公司和创始团队，有的可以快速成功，有的则迅速消亡了，这里面除了商业模式、政策等外部因素外，更多的是创始团队的原则，尤其是创始人对公司的理解，好的公司基本上都是战略驱动型的原则公司，做的差的公司基本上都是个体户模式的公司，公司里一个人说了算，没有战略，见什么赚钱做什么，做决定没有分析，没有集体决策。

总结近十年的创业之路和上百家公司的发展情况，笔者把创业之路分为三种：

- 第一种是资源驱动型创业，这个基本上是有资源、有财力的人的创业之路，仅仅做资源交易和信息交易就可以盈利。这种公司没有商业模式，也不需要战略。

- 第二种是手艺人驱动型创业，也就是创始团队或创始人有一项技术，这种技术可以直接转换成商业价值，这样的创始人往往具备"工匠"精神，公司发展的核心就是技术持有人。

- 第三种是发现了一种市场需求，或者创造了新的市场，然后找到或研发出方案来满足这个市场的需求。

但是这三种创业之路到最后都会遇到瓶颈，因为这三种创业之路到一定阶段都要升级成为战略驱动型创业。

那什么是战略驱动型创业呢？就是大家想清楚：

- 自己要做什么，为什么要做；
- 市场多大，如何做到市场第一；
- 如何去做，为什么这样做；
- 做这样的事情、这样去做要花多少钱，钱从哪里来，花这么多的钱要达到什么样的里程碑；
- 需要什么样的团队，需要什么能力的人，哪里可以找到这样的人，现在的政策是什么，这个行业的政策是什么；
- 在哪里做？为什么要在这里做？

把这些想清楚之后就知道自己的创业之路是不是靠谱了。举个简单的例子：小米的创业模式源头就是雷军看到智能手机的崛起会让手机行业洗牌，手机分销市场利润虚高。中国手机的制造能力，加上雷军团队的执行力和电商经验，以及雷军的融资能力，定位了市场和产品之后，剩下的就是战术问题，从软件开始进入验证市场，然后以"年轻人第一部手机"的定价策略和社会化媒体红利展开营销，让小米快速地在用户脑海中形成低价智能机的认知。

看完上面的介绍尤其是小米的案例,你知道什么是战略驱动型公司了吗?你知道公司与个体户的差别了吗?当然,除了公司战略驱动之外,更重要的是大家要知道老板和 CEO 的差别,CEO 是首席执行官,是高管,不一定是最大的股东,就像阿里巴巴的 CEO 是张勇,京东最大的股东不是 CEO 刘强东而是腾讯,腾讯的最大股东不是 CEO 马化腾而是南非 MIH 集团一样。还有很多 CEO 都是职业经理人,尤其是公司上市后很多 CEO 都是职业经理人。乔布斯第二次担任苹果 CEO 的时候股份只有 1%,甚至最高的时候也只有 11.3%,所以大家一定不要认为 CEO 就是大股东,就是老板。此外,越是好公司,股份越分散,就像万科、格力这样的企业,管理团队所持有股份总数都不超过 20%,否则就不会出现类似"宝万之争"和董明珠眼中所谓的"野蛮人"了。

在现代化的企业中,尤其是互联网驱动下的企业,往往都是资本运营的企业,这样的企业由于商业模式决定了需要不断地去资本市场获得投资,所以我们往往会看到一个公司的上市带来上百位百万富翁、几十位千万富翁、十几位亿万富翁。像阿里巴巴上市使 10000 人成为千万富翁,百度上市创造了 8 位亿万富翁、50 位千万富翁、240 位百万富翁。但是,传统企业上市后一般只有老板成为亿万富翁,只有少数几人成为千万富翁。之所以有如此差距,就是因为经营策略的不同,传统企业的老板往往由个体户发展而来,真正能做到规范经营的寥寥无几,极少数会上市、懂得资本运营,所以我们会看到从 1989 年开始作为试点的股市开通交易之后到 2016

年 A 股市场跨越了 26 年，不仅形成了主板、中小板和创业板的多层次市场，还完成了沪港通、深港通的历史性跨越，中国 A 股的上市公司到 2016 年 12 月 9 日才迎来了第 3000 家上市公司。要知道中国的中小企业数量超过 4500 万家，上市公司真的是凤毛麟角，并且 A 股市场上的公司往往都是经营了十几年甚至几十年，但是我们看到的互联网驱动下的公司往往在几年内就获得了巨额融资，然后进入资本市场，并且上市之后快速展开资本运营，在这种公司工作的员工只要工作满 5 年就会获得最少百万元的身价，甚至会伴随着公司的上市成为亿万富翁，因为互联网公司是开放性的公司，公司的股权和期权会向所有员工开放，伴随着每一轮的融资，员工都可以参与股份的认购，伴随着每次的期权激励，根据员工表现和工作年限，员工都会获得相应的期权授予额度。在这种制度下，所有的员工都是公司的股东，都是公司的主人翁，这样的公司往往是一个大家共同认同的共同体，大家一致的理念就是这个公司的文化和价值观，大家一致的利益通过公司获得绑定和变现，公司的每位员工——从刚入职的新员工到董事长、CEO——都在不同岗位上，让各自的价值得到最大程度的发挥。有的人出钱，有的人出力，有的人负责出资源，有的人负责协调大家的工作积极性，大家共同的目的就是让公司变得更好。

公司最高的决策机构是董事会，董事会的负责人是董事局主席，很多时候大股东担任董事局主席，有时候董事局主席、董事长和 CEO 是同一个人，更多的时候是分离的，CEO 是董事会任命的具备行业经验和管理能力的人，CEO 代表公司董事会负责公司年度计划的执行和日常的经营管理。董事局主席，甚至大股东、董事长都不参与公司的经营管理。但是个体户就不同了，虽然也是公司，但是所有的事情都是一个人说了算，因为没有决策机制，没有管理规范，这样的公司在中国占大多数，个体户模式的公司往往具备高效的执行力，所以适合公司早期阶段的发展，因为早期经营很多时候方向没有明确，需要快速得到市场验证，这也是风险最高的阶段。但是一旦公司业务模式走上正轨，就需要把公司的管理模式升级为战略驱动型，就像笔者现在的公司，笔者虽然担任公司的 CEO，但并不是什么事情都说了算，因为公司有规范的财务管理制度和人事制度，笔者只负责年度规划和月度规划的管理落地，每个部门都有负责人，我需要做的就是服务好他们，给他们需要的资源，不给他们添乱。

这是公司和个体户的区别，唯有了解这些，你的创业之路才算走上了正轨！

第五节　认知升级：创业 FIMBA 模型

波特定理：当遭受许多批评时，下级往往只记住开头的一些，其余的就不听了，因为他们忙于思索论据来反驳开头的批评。

创业之路往往是从需求型、资源型、技术型开始的，但是发展到一定程度，创业者都要转到战略驱动型发展模式！这要求创业者不但要有战略规划能力，还要有战略定力和战略执行能力。

在创业的道路上，我们看到的往往都是别人融资了多少、别人又取得多大的成绩，自己却找不到法门。我们看过无数的成功学书籍，除了被打了一剂短暂的鸡血，好像没有什么实质性的改变。你是否感觉已经拼尽全力，但成效甚微？比如明明看起来很好的想法，但是执行之后却收获甚微？一些给你承诺的人或团队，实际却达不到你的期望？理想很丰满，现实很骨感。创业路上总布满各种各样的"坑"。前路漫漫，成功好像海市蜃楼，那么近又那么远，怎么办？问题出在哪里？你是谁？你又有多大的个人能力？你所做的事情可以达到什么程度？

看到这么一串问题，你慌了吗？别怕，这里有一个"独家秘籍"——创业 FIMBA 模型！FIMBA 模型可以帮助你深度挖掘自身潜力，理清脉络，提升你的职业素质，强化运营管理的能力，告诉你在创业的道路上需要掌握哪些能力。

创业 FIMBA 模型主要分为五个元素，包括金融力（Financial）、洞察力（Insight）、管理力（Managment）、魄力（Boldness）、实现力（Active），因此又称"五力模型"。五力模型又分支出若干小元素，可以说 FIMBA 模型编织了一张创业要素的大网，只要在这个网里，你的创业果实一定跑不掉。

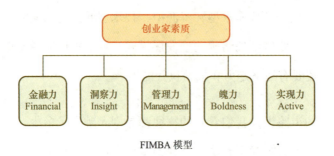

FIMBA 模型

一　　血脉之力——金融力

金融，顾名思义，就是资金的融通，是资金盈余方和缺口方的调剂，通过金融市场进行融通（贷款或投资），这是金融产生的根源，也是金融的本质。

市场的决定性力量是资本，是投资，是创业，是消费者和创业的公司，是用户，而不是种种其他对创业的约束和障碍。

我们所说的五力之一——金融力，可以划分为两个方向：投融资和财务。其中，投融资包括融资、投资和投资者关系（IR）；财务包括现金流、银行和税务。

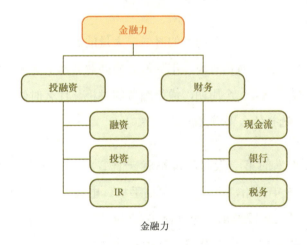

金融力

1. 投融资

做好融资规划是为了更好地发展，而不仅仅是为了生存。获得融资，可以让企业的发展计划更好地进行下去，还可以提高企业的影响力。掌握融资的能力可以从多个方面获得更大的帮助。

在指导方面，投资人大多都是行业中的大佬或成功的创业前辈，他们具备长远的眼光和丰富的经验，他们提供的关于产品、技术方面的专业意见，或者关于公司管理、商业模式、战略方向的经验及思考对创业公司来说都是无价之宝。

在资源方面，投资人拥有的不止是资金，他们还拥有人才、市场、媒体等渠道，甚至下一轮融资的渠道，这些都是比资金更有价值的资源。

在影响力方面，如果一个有名气的投资人或机构投了你，就说明你的项目受到了很有发言权的人的认可，只要这起融资的消息传出，你的影响力也将大大提高，你的发展也将更受关注。

在资本寒冬一个接一个到来的时候，大量的创业者都垮掉了，因为他们没有把握好时机。而相对地，年龄偏大的创业者却更容易获得融资，因为他们经历过一个又一个周期，懂得融资的时机，什么时候按照什么样的估值去融资，选择什么渠道去融资。

从创立小米的第一天起，雷军就一直宣称"小米是一家互联网公司"。自2016年开始，小米不再强调手机、电视，而是开始强调生态。在2016年3月29日推出米家（MIJIA）品牌的时候，雷军宣布小米生态链已经投资了55家创业公司，其中有29家公司从零开始孵化，20家公司已经发布了产品。最让人惊讶的是，有7家公司的年收入已经上亿元，2家年收入突破10亿元。小米官网中，生态链产品的销售额在2015年增长了220%。

企业融资后不再局限于自身的经营，投资、发展自己的生态链，同样是扩大运营的手段。世界 500 强的通用电气、摩根财团、沃尔玛、西门子等企业，都是通过并购做大的，他们靠金融支撑。

2. 财务

尹桑，"一起唱"创始人，第一位获得商业投资的 90 后，颠覆了传统 KTV 模式，曾获得 IDG 天使轮融资 500 万元、A 轮融资 1000 万元、B 轮融资 1200 万美元。

2016 年 2 月 3 日，这位一路风光无限的创业者，发布了一封内部信，表示由于 C+ 轮融资失败，并且此前采购了大批硬件设备，账面上仅有的资金已经用尽，公司无法继续支付员工的工资。

如果说投融资是负责主外的话，那么财务就是负责主内。一个企业的兴衰与财务息息相关，一家企业如果没有足够的资金，不但无法进行长远的发展，还可能由于无法偿还到期的债务而宣告破产。"一起唱"就是因为现金流的断链，导致在发展中遇到了巨大的危机。

学会财务管理，构建适合现代企业的体系尤为重要。强化资金的统一管理，合理分布资金占比，哪些用来支持项目的进展，哪些用来应付日常的开销所需，哪些用来购买理财产品等，什么时候准备融资，每部分的合理规划都可以在很大程度上避免资金浪费。

除此之外，税收也是绕不开的问题，初创企业更需要精打细算方能节约成本。例如，和银行应该如何沟通，和税务局又该如何沟通，这就要求企业积极学习国家的政策法规和利好政策。

二 教你一招 "读心术"

1995 年，杰夫·海曼花了七八个月的时间完成了一份关于开发 Career Central 招聘网站的商业计划书。当他写完的时候，这份商业计划书足足有 150 页之多。当时，他的同事们都对这份商业计划书的完整性、缜密性赞不绝口，最后他也确实成功拿到了创业所需的 50 万美元启动资金。但是，每当回忆这件事时，他总是忍不住要想，用这么长的时间来写一份商业计划书是否值得呢？

后来，杰夫·海曼在芝加哥有了另一个创业灵感——以数据跟踪为特色的减肥中心 Retrofit。这一次，他没有用很长时间来写商业计划，而是用了四个月的时间来考察自己的想法，走访潜在消费者、分销商和肥胖问题专家，彻底了解相关市场。经过走访，他写出了一份仅有两页的商业计划书。最后，他就靠这两页纸拿到了创业所需的 270 万美元启动资金。

杰夫·海曼的例子证明了商业计划书的重要性，而如何写好一份商业计划书则是重中之重，它将是创业者通往 "创业乐园" 的门票。

那么问题来了！如何写好一份商业计划书呢？在说 "写" 之前，我们还是先说说 "找"。写商业计划书是为了给投资人看，所以说找投资人是获取门票的第一步。

股市有风险，创业需谨慎。我们必须承认一个事实，那就是，能拿到投资的团队永远是少数，而拿到投资又能走下去的，更是少数中的少数。

所以，在找投资人之前，你需要先梳理自己产品和团队的优势。比如自己团队中是否有一群忠心耿耿的得力干将，是否有一个非常棒的产品设计。在梳理好自己的优劣势之后，就可以有针对性地选择投资机构并投递自己的商业计划书了。

寻找投资人，其实有两种方法：一种是被动寻找，等投资人来找你；另一种是主动出击。不同的项目，可以选择不同的方法。

即使被动寻找，也不可能坐等投资人的到来，通过不同的渠道让投资人"主动"发现你，才是被动的精髓。

第一，让互联网媒体帮你报道，在这个互联网媒体百花齐放的时代，总有一些开得最艳丽的花朵，把产品放在互联网上，只要你的项目足够好，就可以引来"蜜蜂"，如猎云网、36氪、芥末堆、凤驼汇等。

第二，将自己的产品放到免费的推广渠道上，这样既可以吸引用户，又可以吸引投资人的注意，如腾讯创业、IT桔子等。

第三，现在都流行"简单粗暴"，你可以将自己的项目直接放到融资平台上，如天使汇、创投圈等。

第四，入驻众创空间，随着国家对众创空间的重视，在这里，一定是你梦想起航的地方，如梧桐树众创空间、纳什空间、柴火创客空间等。

第五，靠人不如靠己，将自己打造成出色的团队，亮出自己的品牌，一样会让人看到你这轮"皓月"。

雷军曾在公开演讲时谈过自己的投资理念：自己只投熟人或熟人推荐的人，在投很多项目的时候都不知道这个公司要做什么，我就是觉得这个人能干成事情，就支持他一把，这是我投资的核心理念。

俗话说：熟人好办事。如果你的朋友认识投资人，或者你的朋友就是投资人，那么对你来说，可就多了一个"后门"。

2014 年 3 月 10 日，咕咚网完成 B 轮融资 6000 万元。这是咕咚网 2009 年成立以来的第二次融资，第一次则是在 2011 年，当时的咕咚网只有 5 个人。

在谈到 A 轮融资的时候，咕咚网创始人申波笑着说道："我们拿到盛大的 A 轮融资是在 2011 年，原因非常巧合。当时我们在参加成都高新区天府软件园创业者的项目评审会，根本都没有想到要去找投资，但恰好当时盛大的投资经理担任评审嘉宾，他对我们的项目非常感兴趣，于是就有了 A 轮融资的事情。"

很多人都喜欢去北上广发展，因为那里拥有无限多的机会，在这些地方，几乎每天都会有互联网创业相关的活动，正所谓"高手在民间"，投资人或许就在这里。

沿着北京海淀图书城步行街南口向北走几十米，爬上鑫鼎宾馆的二楼，推开门，映入眼帘的景象是 800 平方米的大厅里摆放着几十张宽大的桌子，每张桌子上垂着一个插线板，与之相连的笔记本电脑前，坐着一群埋头工作的人。这里就是车库咖啡。

近 200 个早期创业团队曾在车库常驻，接受过车库提供的深度服务，100 多个团队在这里找到了十万元到几百万元人民币不等的投资。

喝一杯创业味道的咖啡，让你更容易找到创业的感觉。

找到投资人只是刚刚开始，如何说服投资人，才是正题。如果投资人了解你公司所做的事情，那么彼此交流就会变得更加轻松。为了"推销"自己的初创公司，创业者不得不做大量路演，从效率角度来看，创业者的路演必须足够清晰、简明扼要。

在给投资人讲解商业计划书的时候，他们最想看到什么呢？教你一招"读心术"，带你走进他们的内心世界。

1. 第一式，简单明了接地气

当你与投资人会晤的时候，首先要告诉他们你公司的名字，以及你们是做什么的。这个时候就要考验你的说话技巧了，有的人恨不能把自己公司的所有业务都说一遍，好让投资人明白自己的公司有多厉害。这个"抢钱"的时代，人们分分钟可能错过几百万元的大生意，谁还愿意听你在这里长篇大论秀实力，你要做的只是让你的叙述简单明了接地气。

比如，你是做搜索引擎的，如果这样描述你的产品："我们是做搜索引擎的，我们要组织全世界的信息，并以网页检索的方式呈现出来"，估计会让投资人丈二和尚摸不着头脑，甚至会让投资人认为你是在炫耀技术。

要想让投资人明白，你应该这么说："我们是做搜索引擎的，我们在网页上开发了一个输入框，你在其中输入任何问题，我们都会展示出与答案相关的各种网站信息。"

甚至你可以直接说："我们是中国的 Google。"

所以，给人的第一印象一定要简单清晰有思路，明了大方有内涵，这样才会有接下来的故事。

2. 第二式，做人要厚道

"只要你给我投资，我就可以做到亿万级别的市场"，"我的产品就是要辐射到全国每个人，只需每个人支付一元，我就可以做大"，说这种话的人，也就没有然后了。切记不要"假大空"，我们要做的是"真小实"，实话实说是一个人最基本的品德。

3. 第三式，爆发你的"小宇宙"

你的潜力有多大？这是永远绕不开的话题，投资人要判断的是，把宝压在你身上，是几个月就能看到效果，还是要多年之后才能见效。要让他们看到你充满无限潜力的"小宇宙"。

4. 第四式，真正地"为人民服务"

2012 年，"大姨吗"正式创立。同年 7 月，获得徐小平天使投资 150 万元；2013 年 3 月，获得贝塔斯曼亚洲基金 500 万美元投资；2013 年 6 月，获得蔡文胜的战略投资；2013 年 9 月，获得红杉资本 1000 万美元投资；2014 年 4 月，获得联动策源 3000 万美元投资；2015 年 7 月，获得汤臣倍健 1000 万美元战略入股投资。

这些只是"大姨吗"表面的风光战绩，在它的背后又有着什么样的细节？

有段时间，"大姨吗"创始人柴可的女朋友经常向他抱怨经期过后会头疼，后来听人介绍尝试了在月经前一周减少巧克力、咖啡和茶的摄入量，效果非常好。柴可突然意识到，月经对女孩的困扰是长期的，而提醒女孩不要在错误的时间做错误的事，可以有效帮助她们减轻经期的痛苦。因此，柴可发现了这个"刚需"。

创业初期，柴可曾经带头让公司的男员工垫上最厚最大的卫生巾，来体验女性在月经期的感受，甚至还有人因此捂出了痱子。柴可的目的只有一个——更懂自己的用户，更有效地优化自己的产品。

用户体验，是对产品最直观的认知。发现于身边的问题，应用于周围的人群，这样的产品无疑是最真实的。就像吃饭一样，每个人都离不开。和人们的生活息息相关的产品，才是投资人最愿意投资的。

切记不要给投资人展示你的情绪。千万不要哗众取宠。不要说出类似下面的话："如今的电子邮件真是糟糕透了，我们有个更好的解决方案。"做到平凡而朴实、简单而实用，真正地为人民服务，你的产品自然会有人看到。

5. 第五式，团队很重要

在玩游戏的时候，大家都希望和玩得好的人一组，因为这样胜利的机会就大了很多。

投资人也会有这种想法，他会关注：初创公司有几位创始人？公司有没有技术联合创始人？你们彼此之间认识多久了？

就像雷军一样，只看人不看项目。有时候，看一个团队的组成，大概就会知道他们能不能干成一件事。

马云的成功离不开十八罗汉，当年马云离开北京返回杭州的时候，他的团队全都放弃了在北京发展的机会，坚决地跟随着马云。在很长一段时间里，这些人每个月拿500块钱的工资，挤在一个屋子里办公。正是因为有这样的团队，才成就了今天的马云。

6. 第六式，弄清楚你的梦想是什么

"你的梦想是什么？"如果你看过《中国好声音》，那么这句话你一定不会陌生。每当有学员站在台上，这句充满魔性的话都会出现，并且已经被网友们恶搞出了很多版本。

当然，这件事情不是我们要讨论的。我们要说的仍是这句已经充满了魔性的话："你的梦想是什么？"

既然想到要融资，那么一定会有自己的目的，是为了资金吗？当然，

我们不可能只有这一个目的，每个人都有自己的梦想，或者说，每个人都想获得不同的东西。那么，有想法就大胆地说出来，有问题，就直接问。

不过切记，不要问没有自信的问题，比如："你觉得我们怎么样？""我的想法是不是还可以？"

投资者不是带着批判的目的来的，而是想帮助创业者，所以表述时轻松一些、自然一点，效果会更好。

总之，武学中的最高境界是手中无剑，心中也无剑，商业计划书虽然是我们手中的利器，但也不要被它的条条框框所束缚。

三 神识之力——洞察力

在一个沿海的小镇上，有一家纸张用品小店。

有一天，雨势特别大，雨水都流进了小店，很多纸张都被浸泡了。大家正忙成一团之时，店主跑了出去。几小时过去了，水退了，店主才回来。他的老婆抱怨道："你找个帮手去这么久？"店主说："我有更重要的事！"老婆生气地说："纸都成这样了，还有什么比这重要？"老婆说的没错，这次小店损失不小，大半的货都报废了。

洪水过后，店主将小店搬到一个老旧的公寓。伙计们都说，店主是淹怕了。过了一年，小镇遇上几十年不遇的大暴雨，大多纸张用品店都遭了灾。店主的小店却因地势高而安然无恙。印刷厂急着买纸，店主的生意一下子就火了起来。大家都问店主："你怎么这么有眼光？"他说："上次发大水，我看店里的货反正没救了，就出去观察有什么地方没被淹。洪水后房价低，也是换地方的好时候。"

"人无远虑，必有近忧"，只有把目光拉长，才能看得更远，才能谋求于长久。一个目光远大的人、拥有洞察力的人，往往高瞻远瞩，运筹于帷幄之中。

2004年11月，乐视网成立，专注于网络视频。2011年，乐视影业成立，投资了《敢死队2》《小时代》《归来》等电影。再到后来，乐视的产业链更是一次次地出人意料，从视频到电视，从电影到体育，从手机到可穿戴，从农业到电商，从自行车到汽车，似乎每个时下流行的概念和领域，都会有乐视的身影，似乎每年流行什么，乐视就供应什么。

贾跃亭先生曾在乐视产品发布会上说："乐视生态总是被模仿，但从未被超越。"

可是马云曾说过："任何一次商机的到来，都必将经历四个阶段——看不见，看不起，看不懂，来不及。"

当你走在一条没人走的路上时，总会遇到荆棘和非议，可是这条路总要有人走在前面，当别人看懂的时候，他们只能永远走在你的背影里。乐视正是抓住了这个切入点，才在互联网发展中摸准了行业焦点的脉搏和节奏。

世事如棋，人人皆为棋子；宁失一子，莫失一先。在这盘棋局中，只有洞察了先机，才有机会跳出"局"来，成为一个"下棋者"。

洞察力往深层久说是方向性选择，即选择的到底是新兴产业方向，还是传统产业方向。有的创业者几年就可以成功，有的创业者很多年都不成功，这就是自身洞察力不够，方向选择错误。洞察力往浅层次说是自身的切入点。就像乐视做视频、做电视、做手机、做体育、做影视、做自行车等。乐视的成功主要靠其切入点。之后要洞察自身的战略，不要用战术上的勤奋来掩盖战略上的懒惰。企业挣钱不挣钱产品说了算，企业挣大钱还是挣小钱战略说了算。企业的商业模式是什么，方向是什么，都是由战略决定的。

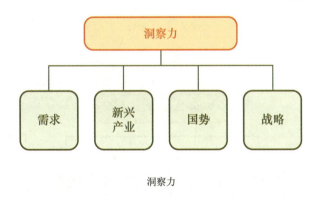

洞察力

四 内功之力——管理力

有这样一个故事。

一个人想吃火锅了，于是打电话给朋友 A：哥们儿，来我家吃火锅吧，准备得差不多了，就是羊肉卷不够了，来时买点过来！然后给朋友 B 打电话：哥们儿，来我家吃火锅吧，都准备得差不多了，就是青菜不够了，来时带点吧！然后给朋友 C 打电话：来吃火锅吧，都准备得差不多了，就是肉丸和金针菇不够了，来时买点吧！最后给朋友 D 打电话：来吃火锅吧，准备得差不多了，就是啤酒不够了，上楼时带一箱啤酒来！然后放下电话，往锅里倒上水，放上火锅底料，打开电磁炉，等着他们上门……

在一个企业的管理中也是这样，如果创始人自身不具备这样的能力，那么他的公司里一定要有具备这种能力的人，一个人不一定非要拥有全能般的技术，只要拥有管理能力，能够带领大家一起合理地分配、完成工作。如果一个团队没有好的组织管理能力，没有组织发育能力，这个团队是不可能持续发展的。

这就是管理力。

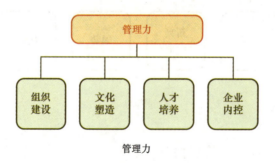

管理力

标准化的管理能力可以分为四个方面。

- 组织建设方面，很多公司都是因为获得融资，"财大气粗"后开始大量招人，最后导致在 C 轮、D 轮破产。所以在公司的管理中，需要哪些部门，要招什么样的人，招的人要具备什么样的能力，这些都会影响企业的后续发展。

- 文化塑造方面，一个公司的文化，相当于这个公司的灵魂，只有拥有了灵魂，企业才会有生机，员工才会对公司有归属感。

- 人才培养方面，企业文化建成之后会发展人才培养体系。因为互联网是一个不可触摸的时代，企业要亲自培养自己想要的人才。从学校和社会上招聘来的人员不能立马就用，必须经过企业内部培养。因此有些企业会创办大学进行人才培养。

- 企业内控方面，组织内不应该人浮于事，应该拥有标准化的流程和非常完善的流程。

管理要以人为本，抱定"先造就人，后成就事，人成即事成"的基本理念。用机制（利益）和理念（团结）凝聚一批优秀人才。管理主要为绩效负责，领导的责任在很大层面上是培养人才，如果一个企业家管理很强势，或者一个管理者很强势，其实是很难有人能成长起来的。决策与执行必须合一，只有决策上达成共识，才能执行。一项决策如果管理层认为是必须做的，必须和董事长达成共识才能去做，决策和执行是不能分离的，如果二者分离，那是管理的错误。

在管理上，要做到适度管理，管理过度的一个表现是大家非常在意权力，领导在意的是自己的影响力。如果一个公司管理过度，你会发现部门之间、人与人之间是比较难合作的。相反，如果大家都可以发挥领导力，彼此可以相互影响，就很容易合作。激活员工主动精神的关键是给员工合适的岗位，除此之外还要给员工资源，释放资源发展新业务，如果员工觉得自己能够做决策，他的主动精神就被激活了。

管理者在管理中都会遇到一个问题：你提供"岗位"还是"平台"？作为管理者，一定要问自己：第一，我能不能提供一个平台，而不是一个岗位？能不能让员工实现自己的目标（当然，前提是他的目标符合公司的目标），而不再是仅仅让员工实现我的目标？第二，我能不能提供一种氛围，让员工觉得在这里很好玩？

五　洪荒之力——魄力

2011 年，"魄力哥"的名字曾在网上风靡一时。

"魄力哥"，没有资源、没有背景，带着仅有的 3 万元港币和 6000 元人民币，独自一人去成都创业。到达成都后，他开始在微博上直播自己的创业经历，并放出豪言，要开创家居代购新模式，在一个月内赚到 100 万元。

随后，便扛着他那雷人的招聘易拉宝"魄力哥我来自香港，寻找四川魄力妹共同创业，特此通缉有能力者 20 名"，"100W 要不要？你不要我要！"两天内，他在大学里组建了一个 20 多人的团队。

在之后的日子里，他开始培训员工，去商场、新楼盘、房交会寻找目标客户，挖掘了 1000 多个客户的联系方式，接到了 232 个客户订单和 300 多个意向客户。

"魄力哥"说："到了这个时候，才遇到最大的困难，事情没有我想的那么理想和顺利，我们认为自己有了订单之后才更容易和别人谈合作，只要有了很好的商业模式别人就会认同我们，与我们合作。"

结果显而易见，"魄力哥"屡遭碰壁。然而他并不气馁，甚至每天举着"我有订单我有货"的牌子，希望有老板能看到。功夫不负有心人，"魄力哥"的举动和诚意打动了一位老总，同意与他们合作。

距离之前定下的一个月期限还有不到一周的时候，这个白手起家的年轻人，凭着他独到的眼光、聪明的头脑，最重要的是符合他"魄力哥"称号的魄力，拥有了一支46人团队，接到了1500个订单，实现了他最初的豪言壮语。"魄力哥"也因此成为众多网友膜拜的创业偶像。

魄力就是敢于去做。人如果连一点想象力和行动力都没有，是不能够创业的。

腾讯的新产品迭代非常快，就是因为每个时代腾讯都会有一个敢担当、有魄力的人出现，并且这种魄力是有战略考虑的，而不是盲目的"蛮干"。

六 外功之力——实现力

2014年5月20日，锤子科技在国家会议中心发布了外界关注已久的首款手机产品T1，根据罗永浩（锤子科技创始人）5月26日的微博显示：在短短的6天中，该产品预订数量已经达到6万部，其中3251人支付了全款。作为一家全新品牌的首款产品，锤子手机T1引发的关注和受到的支持无疑是成功的。

光鲜的背后往往隐藏着危机，在承诺2014年7月8日发货的日期来临之际，锤子科技官方微博 7 月 5 日一则题为"关于产能和发货，关于感激和致歉"的公告引起了一场轩然大波，公告表明：7 月 8 日的发货量不会超过 1000 部，并且未来两周的产能也不超过 1800 部，而截止到 7 月 6 日手机的预订量已经达到 12 万部。如果按每天平均发货 1800 部计算，12 万部的预订量需要 66 天才能全部交货，也就是说大多数消费者在等待 48 天的上市日后，还要再等上 2 个月，到 9 月中旬。

此消息一出，引发了大量网友的吐槽、媒体的负面报道及各类猜测，对锤子手机的发售造成了很大的影响。

罗永浩为了追求"工匠精神"及"情怀"，对首款手机产品的生产要求过于苛求，在造型、工艺、材料上追求极致，誓言要打造"东半球最好的手机"，最终导致产品能设计出来，能做出工程样机，却难以量产，影响了整体的战略布局。

实现力就是可以把想法实现的能力。有很多创业者有很好的想法却无法实现，甚至实现以后无法批量实现。

实现力具体可分为：创意、产品、市场、技术、运营。

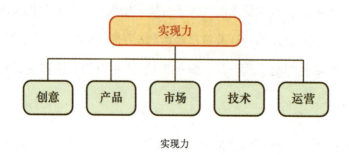

实现力

1. 创意之说

社会上有很多对新事物没有想法，甚至无感的人，这对团队来说是个灾难。这个时代要求人们有自己的想法和创意，有行动力把创意变成产品，有了产品还要找到市场销售出去。之后要通过技术使生产流程化，还要有运营的能力。

马云说过："梦想还是要有的，万一实现了呢？"

梦想的前提就是要有自己的想法和创意，这个时代需要这样的人。

2. 产品之说

2016 年的一天，上班早高峰，你依然挤着地铁，来到办公大楼，依然要在电梯口继续默默地等待一大群人进入电梯。每次在这默默等待的时间里，总会听到一个魔性的声音："今天等电梯，看今日头条"，"今天上班，看今日头条"，"今天不开心，看今日头条"。你瞬间感觉整个人都凌乱了，可在这凌乱中却忘记了等待电梯的漫长痛苦。当你终于挤进电梯后，周围的广告又成为你忘掉拥挤的"止痛药"。

今日头条魔性的广告，成功地把大家带进了"传销组织"，"止痛药"们也在各自发挥它们的药效，让人们记住了产品。可以说今日头条的广告是成功的。

但笔者要说的不是这些，而是广告背后的"电梯场景"，无论你是上班、回家，还是逛商场，大多数时候都会坐电梯，在电梯里无聊，自然就会看广告，毕竟盯着广告看总比盯着光秃秃的电梯铁皮要有趣。分众传媒营收超百亿元的关键，就是在于它开创了"电梯"这个核心场景。

做产品要先做分析。要想做好产品，就要抓住用户需求和用户体验。产品是否为刚需取决于使用频次的高低，使用频次高，称之为刚需。场景和人物决定频次，简单来说就是谁在什么场合会用这款产品。使用时长可以体现用户体验。当然，非刚需和非需求的东西并不是没有价值。例如游戏和某些软件就是非刚需产品，但是它们有趣并且能带来刺激，能够给用户带来好的体验，同样也是成功的。

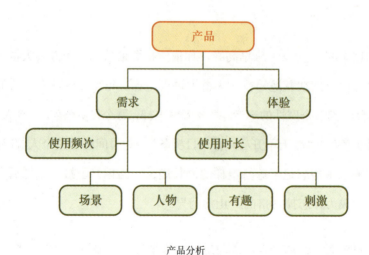

产品分析

3. 市场之说

根据腾讯官方公布的微信数据统计：微信平均日登录用户 5.7 亿人，一线城市渗透率高达 93%。并且统计了微信典型用户的一天。

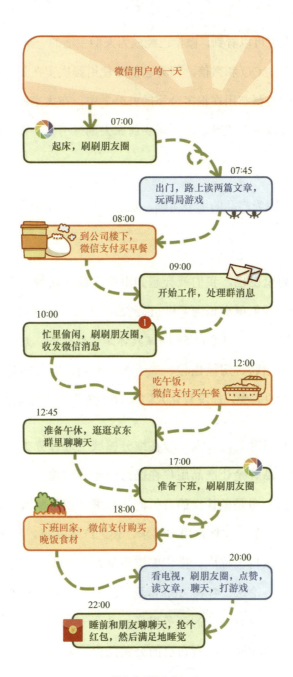

微信典型用户的一天

从这些数据中可以看到，微信已经成为人们生活的一部分。提到腾讯，人们首先就会想到 QQ 和微信，因为它们的使用频次实在是太高了，不仅仅用在生活中，甚至都用在很多公司的办公之中，在大家的印象中，微信已经成为"没有故事"的产品，不需要商家去刻意引导，很自然地就会被人们提及。

这一切都是因为产品的细分明确、定位精准，从而加强了人们的品牌认知。

就像说到阿里巴巴，我们就会想到电商；说到联想，我们就会想到电脑；说到小米，我们就会想到手机。说到 58 同城呢？我们首先会想到"这是一个神奇的网站"，可要说 58 同城具体是做什么的，想到的答案就会各不相同，会有招聘、房屋出租、二手车、宠物、服务等等，我们可以说它是一个生活的大类，却没有让人们眼前一亮的点，这就是细分模糊。

在这个互联网时代，大家都会在细分领域上进行分类，细分的前提是有品牌认知。品牌是让产品用户在脑海中留存印象，一提起品牌就能让用户想起你的公司是做什么的。如何让品牌在用户脑海中留下印象就需要策划部的努力了，要抓住用户需求，使之产生共鸣。品牌策划好了，诉求找到了，之后再去推广。推广渠道包括社会化媒体、微博微信、公众号、自媒体号、论坛、各种 App 市场、安卓市场、专业媒体、软文、友情链接等。然后要有自己的商务市场，甚至一部分企业还要建立自己的直销团队、销售团队，要有自己的公关能力。以上所有内容加起来就是市场能力。

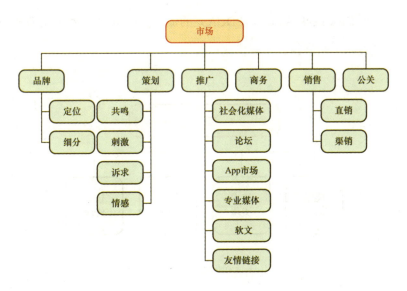

市场能力

4. 技术之说

2015 年"双十一",天猫全天交易额达 912.17 亿元,而在零点开始的抢购阶段,系统交易创建峰值达到每秒 14 万笔,支付峰值达到每秒 8.59 万笔。对于这件每年都要刷新纪录的事情,我们已经习惯了。但是在这样疯狂购物的一天中,阿里巴巴的系统能够稳定地支撑这么庞大的交易量,没有因为用户的疯狂点击而陷入瘫痪,我们不禁要感叹一下,阿里巴巴的技术实在是牛!

可见,有一项好的技术支撑,是多么重要的事情。

技术实现以后要测试,查看流程是否符合标准化流程,甚至可以采用智能生产流程,即用最少的人进行技术调整,这就是计划—执行—检查—

纠正（Plan-Do-Check-Action，PDCA）的流程。做好的过程中还需要技术
创新，把技术不断修改，不断优化。

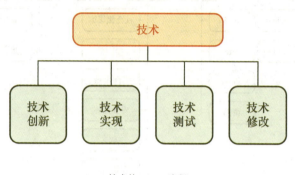

技术的 PDCA 流程

5. 运营之说

QQ 刚刚研发出来的时候，人手还比较少，但为了确保 QQ 上线后功
能能正常使用，马化腾就带着身边的技术人员一起在公司内部申请了 QQ
号，大家在内部开始互相聊天，查找漏洞，这个过程的测试是很重要的。
就像上战场前士兵先检查枪械一样，如果没有检查，到了战场上枪械出现
卡壳，那可就悲剧了。

确定已经排除了很多问题后，QQ 正式上线了，马化腾捧着一杯茶静
静地坐在电脑前，期待着第一个注册用户的出现。叮咚，第一个用户终于
来了，注册昵称是小丽。马化腾心思很细腻，心想 QQ 上只有小丽一个人，
如果小丽发现没有朋友可以聊天，肯定就不会再用 QQ 了。于是他主动加
小丽为好友，得到许可后，两个人开始聊天了。日子一天天过去，两个人

在网络上成了好朋友。

小丽觉得这位小马哥人很好，看照片也是文质彬彬的，而且 QQ 也很好玩。于是就把小马哥推荐给了身边的朋友，就这样，小丽推荐的 10 个朋友都注册了 QQ。马化腾很高兴，投入了全部精力，开始和这 11 个人聊天。日子又一天天过去，小丽的 10 个朋友也感觉小马哥不错，QQ 也很好用，于是又各自推荐了 10 个朋友注册了 QQ。

这个时候 QQ 已经有了 100 多个注册用户了，马化腾一个人已经忙不过来了，于是把几个程序员叫过来讨论，程序员们对聊天不感兴趣，于是想出来一个办法，招聘一些喜欢聊天的人来和这些注册用户聊天，于是客服产生了。

随着 QQ 注册用户越来越多，工作人员已经没有必要再扮演用户了，大家开始注重 QQ 的稳定性，观察着用户的数据、活跃程度，收集用户反馈的信息，不断地优化 QQ，让 QQ 拥有更多、更有趣的功能。

于是，整个运营已经初具规模了。再后来，腾讯长成了一棵"大树"。

所以说在技术实现之后，产品做出来了，市场也推出去了，具体运营就表现在几个部门：测试、监测、客服、优化反馈。其中最重要的是监测整个运营数据、稳定性。监测以后给出分析报告，给技术提出修改意见。

创业最大的难题就是太自由、没方向。所以我们要给自己提一个封闭式的要求：专注做一件事。难度就大幅下降了。

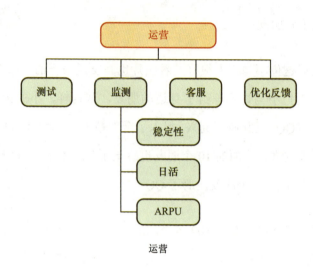

运营

具备了这五种力之后，你才算一个完美的"筑基修士"，才算真正走进了一个新的天地——创业之路，整个公司的组织架构才算健全。你才更有机会，赶上这一波浪潮。

总 结

创业可以总结为三步：预测—破局点—All in。

预测的本质就是找到巨大的方向，既有思考成分在，又有尝试成分在，用快速尝试完成对这个世界的认知，找到用户，不停收集用户需求、重构心里的产品观。互联网是口碑时代，只要出现用户自增长、用户主动传播，基本被证明了就是破局点。

如果没找到这件事是什么，就要快速找到，找到这件事后你就开始具备 All in。

扩展阅读 **"微入学院 App"实战案例：做一个 App 需要多少钱**

扫码即可拥有微入学院App

没有实际的操作，只学习理论是不行的，下面笔者就以自己实战开发的"微入学院 App"为例，让读者系统地了解做一个 App 需要多少钱。

在开发的过程中，我们的团队结构是：产品经理 1 人、架构师兼后台开发 1 人、前端开发 1 人、设计师 1 人、安卓系统开发 1 人、iOS 系统开发 1 人。考虑到有人会生病或请假，为了确保项目的顺利进展，需要配备 2 个浮动名额，这样大概需要 8 人。假设我们的团队成员平均工资在 13000 元左右，还需要给员工缴纳五险一金。

团队成员五险一金明细

项目	个人应缴部分（元）	单位应缴部分（元）
养老保险金	1040.00（8%）	2470.00（19%）
医疗保险金	260.00（2%）	1300.00（10%）
失业保险金	26.00（0.2%）	104.00（0.8%）
基本住房公积金	1560.00（12%）	1560.00（12%）
工伤保险金		52.00（0.4%）
生育保险金		104.00（0.8%）
共计支出	2886.00	5590.00

也就是说，除了工资部分，还要平均为每位员工缴纳 5590 元的五险一金费用，因此员工成本是（13000+5590）×8=148720（元／月）。

有了团队之后，要解决工作场地的问题，8个人的团队可以选择入驻众创空间。例如，乐智众创教育空间就是免费提供场地，当然它以场地作为股权置换条件，或者以收益分成作为条件；还可以选择办公楼（这类办公场所，在北上广的租金大约是每月120元／平方米），按大约100平方米计算，再加上水电费、物业费，一个月花费在15000元左右。

之后的办公用品、桌椅支出等（电脑先用员工自己的），暂按1万元预算。

人员、场地、耗材费用都解决后，就要开始开发了。

第一步，产品定位。

产品的定位是需要思想碰撞的，但最终的结果一定是唯一的、大家都认同的，这样才能让大家往一个方向使劲；即使最后方向不统一，也需要一个有魄力、有担当的人来拍板，一定不能盲目地开始下一个阶段。之后需要考虑产品名字、需求调研、竞品分析、注册域名、购置服务器及周边基础能力（如CDN存储、短信服务、消息推送等）、注册商标（很多团队就是吃了未注册商标的亏）、设计标识，这时候产品的原型、技术架构的雏形也出来了，基本可以进入真正生产了。

第二步，产品策划。

一切准备就绪后，就要开始产品的策划了。做App比较常见的两种功能实现方式有原生（Native）和网页视图（WebView），这两种方式的优劣不在本书的讨论范围内。一般为了保证体验，以原生的方式为主，WebView方式为辅。以原生的方式做开发，版本是尤为重要的。其一，App开发完成之后，需要上架到App Store（假设我们只做iOS和安卓两个版本），iOS的App商店有冗长的应用审核周期，必须提前把此后几个中小版本的功能规划好了，才不至于在这个环节自乱阵脚；其二，App 安装到用户的手机上之后，我们肯定希望他大部分时候使用的都是最新的版本，如果版本更新过于频繁，用户也会烦。在这个过程中，在产品层面上，需要做好产品介绍、用户协议、种子用户、项目时间规划、产品原型、任务流程、需求说明；在交互设计上，需要做好页面布局和用户界面设计。

这个阶段如果一切顺利的话，需要 3 ～ 6 个月，App 的第一个版本雏形就出来了。

第三步，内部测试。

在这个阶段，我们需要与设计部门、研发部门、种子用户之间保持密切沟通，不断发现问题，不断优化并解决问题，期间可能需要发布 1 ～ 3 个测试版本。同时，要注意保持种子用户的活跃和配合，这点很重要，小米成功的第一步和它"100 个梦想的赞助商"是分不开的。

第四步，发布阶段。

发布 App 的时候，不算渠道宣传费用，不打广告，上线 iOS App 商店需要注册开发者账号，购买证书，也需要花费一定的费用，大概 99 美元 / 年。

这样，大概用了 6 个月的时间，微入学院 App 从无到有。预算费用大体如下。

- 员工费用：148720 元 ×6 个月≈89 万元；
- 场地费用：15000 元 ×6 个月 =9 万元；
- 办公耗材：大概 1 万元；
- 周边服务：大概 1 万元。

综上所述，第一个 App 版本，耗时半年，大概需要 100 万元。

很多人看到这里，可能认为这价格实在太高了。当然这个是按照笔者公司有员工的情况来算的。除了这种方式外，还可以采用外包的方式，这种方式的好处就是费用肯定不会像上述那么高。例如，滴滴出行的第一个版本就是采用外包形式做的，费用不到 10 万元。所以说，如果没有足够的资金组建团队，外包同样也是一个选择。

扩展阅读

第六节　"带你飞"的众创时代

你非得明白这个资本寒冬到底有什么意义，这样有价值吗？没价值！反正你只要知道，等过一段时间大潮慢慢退去，只要你不是在裸泳就行。

创业者，本来就是一群疯狂的人，他们敢想敢做，有创新，有激情，有梦想。周围人的不理解、资金的匮乏、办公场所如何抉择，这些都无法阻止他们飞翔。

在新一轮的创业浪潮下，被冠以"创业者"称号的勇者们，俨然成为这个时代的"宠儿"，他们必将在历史的长河中留下一段段"传奇"。

众创时代的到来，给创业者们带来了无限美好的春天。在这个时代，他们有"同类"集结的大本营——众创空间，有寻觅千里马的伯乐——风投机构，有背后撑腰的"大佬"——我们伟大的祖国。

可以说这个时代是属于创业者的，因为这次浪潮是全民性的，"大众创业，万众创新"的种子播种在祖国大地的每个角落，拥有创新、创业意志的花朵在 960 万平方公里的土地上盛开。让每个骨子里隐藏着热血的人，都怀揣梦想、手握执着，迎"香"而来，掀开这个时代的大幕。

在这场时代大剧里，每个人都无法置身事外。来吧，让这个众创时代带你飞起来！

第七节　谈古论今看变革

市场的决定性力量是资本，是投资，是创业，是消费者和创业的公司，是用户，而不是其他种种约束和障碍。

鼎新革故，是指废除旧的，建立新的，是为了对原有的社会秩序、利益分配、生活观念进行重新调整，而这种变革往往会引发社会矛盾。回首我国历史上的变革，大多是因为生产力和生产关系之间的矛盾激化而发生的，一些变革虽有可取之处，但也有诸多不足，究其根源，都要从政党制度说起。

一　商鞅变法

商鞅变法在经济、军事、政治上，顺应了奴隶制社会向封建制社会转变的潮流，符合新兴地主阶级的利益，推动了社会的进步和历史的发展。

虽然商鞅为秦国的强盛立下了汗马功劳，但是全国上下没有人感激他、拥护他，反而对他恨之入骨，最后落得孤立无援的凄惨结局。商鞅变法是效率型改革，其中的特点就是：

- 改革的目标是有量化的任务，判断是否成功，就是看目标完成度；
- 改革是自上而下进行的，所谓"一断于法"就是把改革蓝图打造成至高无上的根本国策，把人民绑架到国家机器上，而国家机器上的所有零件，都得在"新法"的轨道中运转；
- 效率型改革，自然要突出效率，执行者为了快速完成上面所定下的目标，就会不择手段地去完成。

这种效率型改革，第一个要务自然是全力铲除改革前方的路障。一旦改革者把效率这个东西推动起来，就再也停不下来了，它会沿着旧有轨道不断加速，撞碎一切障碍，这时，自然就会出现矛盾。

二 熙宁变法

北宋立国后，既要防止地方割据现象的发生，又要抵御北方民族的侵入，让本就拮据的财政雪上加霜。

在这种内忧外患的背景下，王安石发动的"熙宁变法"推出了，它的出现，改变了北宋积贫积弱的情况，增加了对内的财政收入，强化了对外的军事防御，达到了"富国强兵"的效果。不过"熙宁变法"最终以失败告终，从整个的变法过程来看，自上而下的改革无疑是导致失败的关键因素。

变法的出发点是好的，但是在自上而下的执行中，就会出现问题。在变法的过程中，触及了保守派的利益，遭到了保守派的反对和阻碍，加上变法的最大支持者宋神宗在变法后期内心的摇摆，这样的开局注定了变法的困难与坎坷。

在上述变革中，国家垄断一切，官吏为了完成硬性指标，强逼民众之事并不罕见。更有不少官员趁机借改革之名实行腐败。比如均输法，其实就是国家直接做生意，对此苏轼批评其会为腐败大开中门。作为欠缺德行的官员，最怕的就是统治者实行老子所提倡的无为而治，因为只有统治者有为而治，官员们才会有腐败的好处。民众为了完成任务，被迫求人托情。如此，经"国家—官员—民众"的多米诺骨牌效应，人心就会涣散，所以这样急功近利的改革是不适合中国的。

三 1908 宪政改革

回首中国近代史上的重大改革，当属晚清最后十年的改革进程中，于1908 年颁布的《钦定宪法大纲》。作为中国历史上第一部宪法，或者称之为宪法性文件，《钦定宪法大纲》体现了清廷在君权问题上矛盾的态度，一方面想安抚民心，另一方面又想君权至上。《钦定宪法大纲》虽然在名义上是一部宪法，但它的发布不过是晚清政府为了安抚人民的不满，希望凭借宪法对君权的维护，来延续这个即将倒下的帝国。

《钦定宪法大纲》就是在这个时期颁布的，而它的颁布并没有起到安抚民心的作用，第一部分"君上大权"部分共 14 条，通篇基本都是"君上神圣"、"议院不得干预"、"皆非议院所得干预"、"不付议院议决"，立宪的本意是安抚民众、限制君权，可结果不但没有限制反而更甚；而第二部分的"臣民权利义务"，看似出现了言论、著作、出版及集会、结社等事，均准其自由，但是前提却是"于法律范围以内"，而结合清廷之前的所为，这样的文字游戏对民众又有何自由呢？

回首晚清最后的十年，下达谕旨，禁止绅商和学生"干预国家政治"，引致舆论一片谴责之声；颁布《大清报律》，压制一切不利于朝廷的言论，朝廷的一意孤行最终促成了朝野的联合抵制；颁布《钦定宪法大纲》，君主专制反较改革之前更盛，朝廷还是义无反顾地登上了假改革、反改革的马车，一路绝尘而去，最终失去了人心。

这样完全与广大人民群众的利益背道而驰的变革，只能让晚清成为没有人支撑的空架子，这个存在了两百多年的中国最后一个封建王朝，也随着晚清绝唱《钦定宪法大纲》成为历史。

四 改革开放30年：活力改革

历史的进步总是伴随着坎坷，中国历史上的变革，无论取得了成就，还是一无所获，都出现了利益关系的矛盾和变革者的动摇，要么触及了皇权的利益，要么触及了官僚和财主的利益，要么触及了百姓的利益。变革的最根本意义在于，照顾广大群体的利益，没有稳固的根基，再好的变革也只是表面现象。

1949年2月，在中华人民共和国成立之前，中共中央发布了《关于废除国民党的六法全书与确定解放区的司法原则的指示》，明确地宣布了国民党政府颁布的一切法律不再适用于即将建立的新中国。要建立一个全新的共产主义社会，就要废除一切旧的观念和规矩，人民当家做主的共产主义社会更不能拥有"人民无权，独夫集权"的理念。从这一刻起，中国走上了独属于我们自己的特色社会主义道路。

今天的中国，已经站在了新的历史起点上。中国实行的政党制度是中国共产党领导的多党合作和政治协商制度，它不同于多党之争，也有别于一党专制，它是中国在长期的革命和实践中发展起来的，是适合中国国情的制度，是具有中国特色的社会主义政党制度，是中国社会主义民主政治的重要组成部分。

我国的深化经济体制改革，突出了供给侧结构性改革，提高了供给质量和数量，让市场在资源配置中起到决定性作用，降低了交易成本，提高了生产效率；找出了问题导向和目标导向，针对重点问题，更加精准地对接发展所需、基层所盼、民心所向；落实了基层的实践和创新，以"大众创业，万众创新"为口号，鼓励大众探索创新。可以说，深化经济体制改革可以使广大人民群众更加体会到自己获得的利益。

我国的改革是活力型改革，是自下而上的，通过调动群众的积极性来发展经济，激活底层活力。这样做，管理会更宽容，让市场自由发展，充分发挥广大人民的智慧。也正是我们说的"简政放权"，把权力外放，推动经济转型，释放改革红利，激发内在所需，形成新兴动力，让市场自己得出结论，然后政府再来管理。

今天的中国，不同于以往的历朝历代，它的政党制度做到了以人为本，执政为民，符合最广大人民群众的利益，可以带领大家实现全民致富、群体崛起。而中国今天的崛起，离不开改革开放 30 年来的探索和积累。

第八节　改革开放 30 年及深化改革

做产品和品牌的人，不要有太大的投机心理，情感和温度很重要，只有你在消费者心里有了一份情感和温度的时候，你才在他们心里有了位置。

30 年，在人生的节点上已经是而立之年，在 30 年的积累中，人们已经形成了自己的人格、见识、事业和交际。而这 30 年的积累，决定了发展的根基。

30 年，尤其是我国改革开放的 30 年，对国家来说，更是让国家的经济发展取得了巨大的进步，国民的思想理念也得到了巨大的提升。这期间，是中国发展的重要转折点，没有这 30 年的积累，也不会有今天的崛起之路。

在 1978 年到 2008 年这 30 年间，中国发生了质的蜕变，1978 年 12 月 18 日至 22 日，中国共产党十一届三中全会在北京举行，这次仅仅为期五天的会议，却让国家的命运开始发生了翻天覆地的变化。这是一个打破壁障的 30 年，是一个不可复制的 30 年，在这 30 年里，僵化的经济体制被逐渐瓦解，新的社会形态在逐渐出现。

回首这 30 年，中国通过一步步的改革带领全国人民从贫苦走向了富强。每隔几年就会有转变中国命运的进步事件发生。

1978 年，作为改革开放的基础，就是要在思想上进行解放，而真理标准大讨论，为思想上的解放拉开了序幕，成为之后改革开放 30 年的突破口。

1979 年，中美正式建交，打开了我国与西方大国之间的门户，结束了长期的对峙，改善了两国的关系，提高了我国的战略地位，也为中国的稳定发展创造了良好的环境。

"1979 年，那是一个春天，有一位老人在中国的南海边画了一个圈……"这段歌词唱的就是新中国领导人邓小平同志的故事。我国地域广阔，新中国成立前又与外界隔绝了很长时间，突然对外开放不可能将门户全部打开，需要通过局部地区的示范得到经验，经济特区就是在此时建立。特区的建立打通了海外出口，增加了外汇收入，有利于我们引进先进技术，了解国土以外的信息。在之后的 30 年里，中国开始苏醒，逐步走上世界舞台。

1982 年，家庭联产承包责任制正式确立，将土地承包到每家每户，避免了在"大锅饭"模式下，难以统计每个人的劳动量和效率的问题，克服了"平均主义"，鼓舞了农民的积极性，有效解决了中国人民的温饱问题。可以说，家庭联产承包责任制为中国农业生产开拓了新的道路。而之所以能够开拓出这条新的道路，离不开 18 个敢于冒险的农民，正是他们开创了家庭联产承包责任制的先河。

1978 年，在安徽省凤阳县梨园公社，小岗村是最穷的生产队，村民都吃不饱饭，在这样巨大的生存压力下，生产队队长偷偷地将生产队的地分给了各家各户，实行包产到户。在那个年代，这种做法可是冒天下之大不韪，可谓破釜沉舟。到了 1979 年的秋收时节，小岗村的谷场上一片大丰收的喜庆景象，粮食总产量 66 吨，这一"大包干"的做法得到了邓小平同志的肯定，并表达了明确的信息：农村改革势在必行。因此，家庭联产承包责任制诞生了。

1986 年，全民所有制企业改革启动，打破了僵化的管理体制。在改革开放之前，我国的企业大多是国有企业，没有明确的奖惩制度，干活少的人和干活多的人领一样的工资、一样的福利，严重影响了企业的经济发展。细数国企改革的风风雨雨，从 20 世纪 70 年代的"扩大企业自主权"，到 80 年代的"承包制"，都让企业的生产动力在短期内释放出来，但利益分配仍然没有明确的界线。到后来改变财政税收制度的重要举措"利改税"出台，以及力推股份制试点，一路走来，国企改革像一条河流贯穿着中国的发展历程，推动着企业向现代产权制度迈进。

1990 年，股市正式引入中国。早在 1984 年，飞乐音响就面向社会公开发行股票，两年后实现了柜台交易流通，邓小平把一张飞乐音响的股票作为礼物送给了美国纽约交易所董事长约翰·凡尔霖，用这样的象征性方式，向世界展示了中国改革开放的决心。而在当时的中国，对证券市场这一新生事物，无论政府还是金融界，大家都一无所知，为了探索出一条具有中国特色的市场道路，一群金融专家、海外学者和干部对国外的证券交易制度进行了解，拟订了我国的证券交易所运行制度。1990 年，经国务院授权、中国人民银行批准，上海证券交易所于 11 月 26 日正式成立，12 月 19 日在上海开张营业，这是新中国成立以来开业的第一家证券交易所。

1994 年，一场具有深远意义的"分税制"改革在中国拉开了序幕，"分税制"加强了税收的调控作用，保证了利益分配的合理性，使中国的财政秩序发生了重大改变，重新获得了活力。

2001 年，中国加入世贸组织，意味着我国在新的世纪，对外开放将从政策层面上升到体制和制度层面，我国的资本市场将迎来更加开放的时代，拥有更广阔的发展空间。

2008 年，"神舟七号"完美发射，这一刻，中国人的足迹留在了茫茫太空之中，我国的航天事业又一次取得了新的突破。

总 结

在改革开放的 30 年中，中国逐步实现了市场化改革和对外开放的基本国策，通过活力型改革把中国带动起来，并建设成一个富强的现代化国家，为中国现代化发展打下了坚实的基础，为一项项新的政策提供了强有力的支持。

第九节 从"92 派"看政策红利

创业之路往往是从业务型、资源型、技术型开始的，但是发展到一定程度，创业者都要转到战略驱动型发展模式！不但要有战略规划能力，还要有战略定力和战略执行能力。

1992 年，大批在政府机构工作的公务员受邓小平南方谈话的影响，纷纷主动下海创业。在当时，有 12 万名公务员辞职下海，1000 多万名公务员停薪留职，出现了一批如今在商界赫赫有名的人物，如陈东升、俞敏洪、郭广昌、冯仑等，这些人就是为人称道的"92 派"。

2015 年，政府在工作报告上提出了"大众创业，万众创新"，又一次掀起了新一轮的创业浪潮，一系列支持"双创"的政策陆续出台，让创业创新走出了群众路线，激发了民间的创业创新热情。

从"92 派"到"新 92 派"的创业浪潮背景来看，每次创业潮都是一个时代的烙印，其背后都有两种力量。

每个时期都会由一类创业者主导创业模式，这种力量使每个时期的创业潮都拥有不同的特色。20 世纪 80 年代的"个体户"，出现了中国第一代企业家，王石、柳传志、任正非等，他们都在这个时期得到了"第一桶金"，借助时代的机遇，成就了各自的事业；90年代的"92派"，更是备受美誉的一次创业潮，它的出现不仅造就了一批商界精英，更打破了人们思想的局限，扔掉了"铁饭碗"，是一次具有双重意义的浪潮；90年代末的"互联网来袭"，则是一次互联网创业的浪潮，百度、腾讯、阿里巴巴等在这一时期迅速崛起，以BAT为代表的互联网企业颠覆了人们的认知，改变了中国社会的结构；"大众创业，万众创新"的出现，代表了新一代创业浪潮的开启，这一轮创业潮涵盖了社会各个阶层，实现了全民创业的发展理念。

而另一种力量就是政府，每次创业潮背后都会有政策和制度红利的支持。从2015年开始，"大众创业，万众创新"受到国家的高度重视，围绕"双创"出台的政策，其核心就是降低创业门槛、搭建协作平台，为了帮助创业者，2015年更是成为众创空间的元年，通过众创空间给创业者提供良好的创业平台，为传统行业整合资源，为互联网行业提供技术支持。

众创空间的出现结合了国家政策的红利，顺应了时代的潮流，必将掀起一场新的创业大潮。

第十节 创业难（？）不难（！）

创业者、企业家需要个人能力！享受孤独的能力，用心去爱的能力，自我认知的能力，独立阅读的能力！

"先定一个能达到的小目标，比方说我先挣它一个亿。"
"明年发一亿利润给员工。"

说出上述两句话的，一个是叱咤风云的商界大佬王健林，另一个是初出江湖的 90 后 CEO，是什么让一个 90 后 CEO 也拥有如此大的口气？因为时代变了，这是一个创新的时代，只要拥有好的想法、好的创意，你就有可能一跃成为 CEO。

2014 年，你的朋友圈是否被各种各样萌萌的头像所刷屏？同样是这一年，一只说着东北话的卡通猫被人们疯转，它们被人们关注的原因相同，都是有创意、好玩，而最后的结果就是这两个故事背后的年轻人成了 CEO，他们都成功创业了。

或许这种例子离我们的生活还是太远了，那就以微信为例，它几乎是我们生活的一部分，每天早上醒来刷刷朋友圈，工作闲暇刷刷朋友圈，中午吃饭刷刷朋友圈，晚上回家刷刷朋友圈，睡觉之前……

微信离我们太近了，我们每天都在玩，但是你可曾想到通过微信发信息就可以获得收入、实现创业？推送原创文章，开通打赏功能，一个人就能搞定。最近两年，越来越多的自媒体平台获得了资本的认可，越来越多的微信公众号获得了投资。

不仅仅是这类原创、打赏功能的开通，还有很多如 135 微信编辑器、小易微信编辑器、秀多多图文模板等图文排版工具和微店、点点客、微社区等第三方服务平台，它们都可以辅助你，让创业变得更简单。

 辅助工具汇总

扫描二维码查看辅助工具

一　死磕精神

死磕自己，舒服他人，每天早上六点半 60 秒的微信公众号语音，提供"有种、有趣、有料"的内容，以"说书人"的身份，将自己"啃"的书，用更直观的方式讲给大家听。2015 年 10 月完成 B 轮融资，估值 13.2 亿元。这个公众号就是"罗辑思维"。

"死磕精神"完美地体现了这个公众号的价值，用互联网的思维，链接众多"读书人"，让读书读出了新高度。

二　一条一亿

每天一条原创视频，发现那些身居闹市却鲜为人知的美好小店，汇聚各种美食，传授独家秘诀，分享清新的家居环境，每条视频的阅读量几乎都是 10 万条以上。2014 年 11 月，公众号"一条"完成 A 轮融资，估值几千万美元，如今，"一条"已完成了 B 轮融资，估值 1 亿美元。

生活、潮流、文艺，不恶搞，不浮夸，"一条"的内容在朴实中定位于高端，让读者能够真切地走进它的世界。

三 少女心的贩卖馆

2013 年 3 月，胡辛束的原创漫画《我心中的 10% 先生》在人人网走红，被大量转载，这个 1992 年出生的少女胡辛束也因此被广泛关注。

2013 年 5 月，她注册了以自己名字命名的微信公众号"胡辛束"，开始不定期更新少女心风格的原创内容。随着人人网人气和流量的下滑，2015 年 1 月 1 日，她开始正式运营微信公众号，每晚 22:22 准时推送，用图文并茂的方式讲述一个小故事，并在结尾说一句晚安。这个带着少女心风格的公众号凭借《给我讲讲你爱的那个人吧》《像机器人一样爱你》等故事俘获了众多粉丝。

2016 年 6 月 30 日，"胡辛束"完成 450 万元天使轮融资，估值达到 3000 万元。

第十一节 今天，你创业了吗

创业打造的是一个自学习、自进化的组织。

这个时代的创业方式是多样的，你可以做一个低调的传统企业，也可以做一个华丽的互联网公司，更可以做一个无拘无束的自由职业者。无论做出哪种选择，在你的面前都会出现很多条道路。时代在变，创业的模式也在变，一个个新兴行业不断冲击着人们的认知，一张张年轻的面孔进入人们的视野。

创业，曾如一座大山挡住了人们的去路。但是今天不同了，无数的"愚公精神传承者"冲了出来，因为他们有了更加先进的"思想"和"工具"，面对这座大山，他们不再有无力感。

忽如一夜春风来，千树万树梨花开。领导人的号召，政策的红利不断让创业一夜之间成为社会上的热点话题。无数创业大军和风投机构如雨后春笋般出现，二者遥相呼应。创业的磨盘已经开始转动，一个崭新的世界也在慢慢揭开面纱。

创业已不再是遥不可及，每个有理想、愿奋斗的人，都可以参与进来。这不再是几个人的游戏，而是一群人的游戏。

那么，今天你创业了吗？

第十二节 乐智众创教育空间

其实大量的人活得很失败，不是因为他没能力，而是一种所谓的职业心态：做一天和尚撞一天钟。

2016 年 1 月 30 日，奥巴马对公众发布了"Computer Science for All"的倡议，鼓励美国中小学生尽早地学习计算机科学的知识，为未来的大学学习和职业成功做准备。在奥巴马的这次倡议里，"计算机科学"在很大一部分就等同于"编程学习"，可以说，这一次，"编程教育"从极客的讨论里，正式进入了每一个孩子的学习中。

同年的全国科技创新大会上，任正非在发言中提到，"华为正在本行业逐步攻入无人区，处在无人领航、无既定规则、无人跟随"的"无人区"，而进入"无人区"之后，作为通信领域的领军企业，华为已经感到了前途茫茫，找不到方向，在这样的背景下，华为更需要坚持创新，以战略耐性去探索、突破。改革开放到现在，我们的企业尤其是以互联网为代表的高科技企业往往是向西方学习，甚至是模仿，行业内大家都知道一个词汇："C2C（Copy to China）"，就是以美国为代表的高科技企业做创新，我们的企业利用中国的规模优势做好创新扩散就可以成为百亿甚至千亿公司，但是在不久的将来，伴随着"大众创业，万众创新"为代表的活力改革和国家的人口政策，以互联网为代表的技术快速发展，到 2030 年中国的创新人口也一定会成为世界第一，GDCT（国民创造总时间）也一定会远超欧美，中国一定会成为全球 GDP 的老大，但这背后需要的就是中国创造力人才的崛起，而不是"C2C"，因为到那个时候中国的多数企业将和华为一样走入"无人区"。

要想在"无人区"获得突破，就要从人才培养机制入手，让人们从小就具备创新思维。而如何从机制上保证教育制度的创新，让人们从小学会人机互动呢？

这是教育领域目前面临的严峻考验。我国的教育资源呈两极分化现象。以 2002 年为例，全社会各项教育投资为 5800 多亿元，占总人口不到40% 的城市获得了 77%，而占总人口 60% 以上的农村却只获得了其中的23%，这种两极分化的现象，让学校的办学条件和师资力量出现了差距，优质的教师资源都集中在大城市，而三、四线的小城市在教师资源上就出现了欠缺。

另一方面，很多家长在接送孩子上补习班的时候大多会遇到一个问题：从家里把孩子送到补习班需要 20 分钟左右，把孩子送到后自己再回家又要 20 分钟左右，回家待 20 分钟又要出门去接孩子，这期间就无形中浪费了很多时间。有的孩子补习时间短的，家长甚至都不能回家，只能在外面转一圈再回来接孩子。如果报了多个补习班，补习地点还不同，那这个周末就真的变成了"接送孩子大作战"了。而家长为孩子选择辅导机构的时候，也会很头痛，各个辅导机构都比较分散，一家一家地了解，实在太耗费精力、体力、物力、人力了，在这种情况下，很多家长可能就会放弃自己的坚持，选一个离家近的或大家推荐的。

同样，对辅导机构来说，也面临着同样的问题，正所谓独木难支，各自为战虽然不会产生摩擦性竞争，却也分散了客流量，造成很多辅导机构招生不多、经营困难的情况。这个时代讲的是合作共赢，产业聚集可以产生创新，从而释放红利，做到环节最少、成本最低、机制最活、效率最高、服务最好、环境最优。

百年振兴"中国梦"的基础在于教育，教育要瞄准未来。今天的孩子，就是二三十年后冲在第一线的博士、硕士、专家、技师、技工、现代农民等等，为国家、为社会做出贡献。因此，发展科技的唯一出路在于教育，也只有教育。

为了更好地解决教育资源分配不均、家长接送孩子时间不便和选择机构困难，以及课外辅导创业者经营难、发展难的问题，同样为了帮助政府提升教育民生的效率，联合空置商业地产，乐智众创教育空间应运而生。乐智众创教育空间可以为教育行业创业者提供零房租入住，降低创业者的创业成本，为创业者提供在线教育解决方案、经营能力培训服务及人才培训服务，帮助辅导机构做好信息化管理，解决教育行业人才短缺的问题。

乐智众创教育空间把辅导机构整合到一起，不再分散，这样家长在选择机构的时候会方便很多，省去了到处跑的麻烦，可以一家挨着一家任意对其选择。当为孩子报了多个辅导班时，早晨把孩子送到机构大楼内，晚上来接，将为家长省去来回接送的不便，即方便了自己，又安全了孩子。

在京津冀协同发展的战略协同下，伴随着 STEAM 教育 [集科学（Science）、技术（Technology）、工程（Engineering）、艺术（Art）、数学（Mathematics）于一体的综合教育] 的推出，乐智众创研发了一套教育空间孵化体系，把北京的 STEAM 教育引入河北，让河北的孩子在 STEAM 教育领域与北京的孩子站在同一起跑线上。STEAM 教育不仅仅代表了五个学科，更是一种新的教学理念，基于生活中发现的问题，去探索、去解决，让思维更发散、更灵活。因此，从事 STEAM 教育具备新时代的思维优势。同时为了解决大学生就业问题，乐智联合合作入驻单位，帮助有志于从事创新教育的大学生担任 STEAM 教育的教师，让他们的思维优势得到最大限度的发挥。

依托自身强大的技术支持，通过教育大数据平台，汇聚教育培训机构、学员、老师、课程；利用大数据分析工具，为教育培训机构提供数据分析工具，让各个教育机构对自己公司的状况一目了然；基于大数据的营销服务，帮助教育培训机构找到学员，帮助学员找到最适合自己的课程，生成 STEAM 能力展示图，更直观地了解学员各方面的能力；基于大数据的金融服务，根据学员数据画像，为其提供贷款服务。

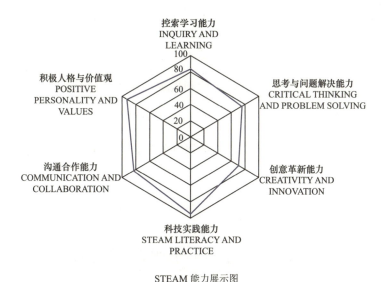

控索学习能力
INQUIRY AND LEARNING

积极人格与价值观
POSITIVE PERSONALITY AND VALUES

思考与问题解决能力
CRITICAL THINKING AND PROBLEM SOLVING

沟通合作能力
COMMUNICATION AND COLLABORATION

创意革新能力
CREATIVITY AND INNOVATION

科技实践能力
STEAM LITERACY AND PRACTICE

STEAM 能力展示图

　　乐智凭借自身强大的场地优势，形成乐智众创教育空间的线下基础，为机构提供丰富的场地支持，为家长提供放心的教育环境，为孩子提供愉快的学习乐园，同时打造商业配套的一体化环境，让教育成为生活的一部分，做到线上有"技"，线下有"道"。

针对培训机构输出服务

乐智
让"教育"专注：

匠人精神

招生获客　资金管理
信息化管理　　师者当怀匠心　学习测试运营诊断
技　教育　道
Online 线上服务
O2O
人才培训　　投资融资　Offline 线下服务
工商财税企管服务　评比排行

结合教育的重要性和创新的必然性，利用微入学院平台（见图 36）和大数据技术，乐智众创教育空间开创了"能力银行"，帮助学员梳理并储备成长过程中不断学习到的各种技能和兴趣，让学员自己和他人都能够直观地认识、了解自己的特点。创新教育旨在激发学生潜力，结合"能力银行"帮助学生挖掘自己的兴趣所在，更能帮助学生提早接触社会前沿科技和适合学生阶段的金融理财指导。

乐智众创教育空间，就是通过创新得出的一套教育模式，让机构零租金入住，专注课程打造，提供互联网培训协同平台——微入学院SaaS+App，同时进行系统辅导与人才服务，并为这些机构对接顶级 VC 融资，打造教育行业高效、专注、优质的生态系统。

经营能力提升服务 —— 凤驼汇教育创训营

"凤驼汇一教育创训营"旨在成就教育领域创业者，以"科技"、"金融"两大要素助力教育行业创新发展，打造创新教育联盟。

汇聚成长力量，聚集行业大咖，
服务青年精英，成就一流人才！

纵观改革开放以来的创业服务，可以划分为四个阶段：

- 第一阶段，是优惠政策，活跃于改革开放头 20 年；
- 第二阶段，是市场服务聚合，即帮你找到风投，这是新世纪头 10 年的玩法；
- 第三阶段，是产业要素协同，即通过各种众创空间来聚合产业链上的各种要素，形成资源共享，帮助创业者快速完成从野蛮生长到精耕细作的转变；
- 至于第四个阶段，就是乐智众创教育空间的模式，通过创新的 STEAM 教育模式整合培训机构，并通过互联网金融为人才赋能，解决教育机构运营、教育资源不均、大学生就业、地方建设问题。

乐智众创教育空间将以其综合规模优势让教育机构更加专注地以"工匠精神"打造更好的教育内容，让更多的孩子成为明日之星，帮助更多的人，在这个大时代下实现群体崛起！

上面是从大的方向说，而从个人方向说，互联网不仅仅是网络，更是一种协作链接，它链接了新的生产力和生产方式，在移动互联网时代我们可以充分使用零碎时间过滤信息，建立战略驱动的人脉链接，让我们的职业规划更清晰，短时间在行业里建立个人品牌，成为行业精英。

笔者希望通过自己的微薄之力帮助更多的小伙伴，让小伙伴们去概念性地生活、工作，掌握行业技能、"IP"自己，把控节奏，优化朋友画像，建立关键价值连接点同创共生，快速实现人脉搭建，让自己成为职场精英，与牛人大咖结缘。

互联网时代的这个链接，就从我们开始。

扩展阅读

乐智众创教育空间服务套餐

扫描二维码查看服务套餐

第十三节 刘强东的宿迁，蔡文胜的厦门

吉德林法则：把难题清清楚楚地写出来，便已经解决了一半。

提到广州大家会想到网易，提到深圳大家可能想到腾讯、华为，提到杭州大家就会想到阿里巴巴——每个地方的领军企业对当地的影响是非常大的。从 2015 年收到多家政府的邀请到河北、云南做众创空间开始，笔者一直在思考到底如何做"互联网＋"。在做的过程中不断有地方政府问我为什么在传统商业环境条件下招商不是那么难，但是在互联网时代招商却变得如此之难。大家都知道招商的核心是招人才，为什么在传统商业时代二三线城市为了招到一个人才只要给两三倍的工资就可以，但在互联网时代就是给 5 倍的工资，这些人才也不去呢？笔者之前一直从技术方面思考。因为在互联网时代，尤其是这个时期的互联网发展一日千里，2013 年互联网行业的关键词是大数据，2014 年互联网行业的关键词是互联网金

融，2015 年互联网行业的关键词是众创空间，2016 年互联网行业的关键词是智能时代。在技术方面更是如此，基本上每年都有新的技术语言出现，并且这些技术根本来不及编入教材和课程，下一代技术就出现了。微信在2016 年推出了小程序，iOS 的语言从 Objective-C 到 Swift，这些技术的演变导致了技术人才只会在北上广深杭聚集，因为这些技术语言的使用和规范需要大家一起交流讨论，这也是在北京的众创空间常见的情形——晚上或周末就会出现一群技术人员在交流。如果他们到了二三线城市就不会有这种环境，他们就会很快变成"吃老本"的人，让自己被边缘化。

但是，伴随着美图秀秀在香港的上市，我觉得答案找到了，因为美图秀秀的上市不仅仅意味着财富的爆炸，更重要的是这意味着在中国互联网创业版图上，在北上广深之外又有了福建这个"军团"，这个军团中出现了像飞鱼科技、美图秀秀、91 手机助手、同步推、网龙、美柚等知名互联网企业，更走出了王兴、张一鸣、姚剑军、陈剑瑜、熊俊、陈方毅、方三文等一批成功创业者和投资人。之所以出现这种现象，除了与本地社会经济环境的影响、闽南人的性格特征分不开之外，更重要的是，在福建，尤其是在厦门，这个群体中出现了一个领军人物，那就是美图秀秀的创始人、知名天使投资人蔡文胜。

近几年厦门之所以崛起这么快，一方面是因为政府全力打造了软件园二期这个福建创业者的顶级聚集区；另一方面是因为蔡文胜等一批前瞻性投资人大大促进了厦门的互联网发展。

熊俊是互联网圈知名的创业者，早年曾研发出 91 助手，2009 年还担任网龙的移动产品负责人，后来获得蔡文胜的投资并创办了同步推。熊俊回忆，2010 年回厦门投资创业时，他就在原来蔡文胜位于吉祥家园的办公场所办公，当时一起创业的还有美图秀秀、4399、海峡网。

为了推动当地经济发展，厦门市政府曾在 1998 年 9 月投资兴建了厦门软件园。经过多年发展，那里已经逐渐成为厦门市软件产业发展的重要载体和吸附器，也成为厦门创业的核心地区。

随后，同步推、美图秀秀、4399 这些企业也都逐个搬到了软件园。厦门这几年创业环境的改善很大程度上是因为有美图、飞鱼、美柚、飞博这些企业的成功，它们的迅速壮大使得当地的创业环境取得了很好的突破。私下里，这几家公司的创始人关系也十分要好，姚剑军（飞鱼科技创始人）、陈剑瑜（飞鱼科技总裁）、吴欣鸿（美图 CEO）、熊俊（同步网络 CEO）、尹光旭（飞博共创 CEO）等彼此之间都是多年的朋友。

"我们经常会在一起泡茶聊聊天，谈谈工作，谈谈生活，一起分享创业过程中的经验，一起来谈谈怎么解决创业中遇到的问题。"姚剑军说。

任何一个地方创业环境的变化都离不开领军企业的影响力和帮助，先发展起来的公司带动了当地整体的互联网创业环境。

"过去的创业者更像个人英雄时代的单枪匹马上战场，但现在不一样了，创业需要有人扶持，同样也需要你去帮助更多人。"姚剑军说。

同样，2017 年 2 月 28 日，京东集团 CEO 刘强东宣布向家乡宿迁市捐助 1 亿元人民币，用于当地的教育、养老、文化、医疗等公益事业。从 2009 年 11 月开始，在刘强东的带领下，京东集团在宿迁市宿豫区设立全国客服中心，并先后将信息研发处理中心、财务结算中心、物流管理中心和云计算基地落户在了宿迁。同时，京东带头在宿迁推进农村电商工作，带动当地的经济转型升级，到 2016，京东已经帮助宿迁 3600 家企业完成超过 7 亿元的电商销售额，宿迁市宿豫区也成为京东全国农村电商示范区。并且京东还带动了一大批互联网呼叫中心的进驻，如今，呼叫中心在宿迁已经成为一个产业，带动了 2 万人的就业和超过 20 亿元的税收。

一个产业的兴起能带动更多人加入，整体来说创业环境无疑趋于利好。

基于对北上广深杭的创业环境的思考，尤其是以蔡文胜、刘强东为核心的厦门、宿迁创业环境的出现，让笔者对各地众创空间的发展产生了如下想法。

（1）各地政府加快众创政策及细节的推出和落地。

（2）从市场和政府两个角度加快当地领军人物的打造。

（3）每个地方政府加快以特色产业为核心的众创空间的建设，为产业聚集和人才聚集做好氛围。

（4）加快创投基金和产业引导基金的推出。

（5）推出创业大赛、高峰论坛、培训等活动为当地人思维升级提供参考。

（6）不断引导在外地的优秀互联网从业者、创业者回家交流创业。